육십, 뜨거워도 괜찮아

육십, 뜨거워도 괜찮아

초판 1쇄 인쇄 | 2022년 04월 15일
지은이 | 이명지
펴낸이 | 이재욱(필명:이승훈)
펴낸곳 | 도서출판 수필in
주   소 | 서울 영등포구 경인로82길 3-4(문래동1가 39)
          센터플러스빌딩 1004호(우편07371)
전 화 | 02-2612-5552
팩 스 | 02-2688-5568
E-mail | jlee5059@hanmail.net

등록번호   제2021-000164
등록일자   2021년 10월 6일

ISBN   979-11-976282-7-6

이명지 수필집

육십, 뜨거워도 괜찮아

서문

이제야 제대로 뜨거운

사랑할 수 있을까
설렐 수 있을까
욕망할 수 있을까
그때도 여자일까

내 나이 청춘일 때
육십이 되어도 가능할까 생각했던 것들이다.
그때도 멋 부리게 될까 신명나는 일이 있을까
희망이란 게 있을까 했었다.

내 나이 지금 그 육십 대가 되었다.
이제야 욕망이 자유로워졌다.
생각에 자신이 생겼다.

비로소 생이 단단하고, 이제야 세상이 아름답다.

곡신불사(谷神不死) 시위현빈(是謂玄牝),
여전히 골짜기가 있는 여자이며 신비로운 암컷이다.
골짜기는 생명을 잉태시키는 만물의 원천이자 창작의
원천이다.
내 삶의 발자취가 구불구불 경험의 골짜기를 만들고,
숲을 이루고 이야기를 잉태하며 이제야 제대로 뜨겁다.
이제 뭘 좀 꺼내놓을 자신이 생기고
더 많은 것을 낳을 수 있을 것 같다.

이제는 돌아와 거울 앞에 선 육십은 얼마나 향기로운가!
은퇴는 소용의 가치를 다한 폐품이 되었다는 뜻이 아니다.
인생이라는 한 권의 책을 앞에 놓고
후반부를 어떻게 쓸지 설레는 시간이다.
어깨에서 의무와 책임을 부려놓고 나는 날마다 가벼워
지는 중이다.

                           남한강이 보이는 언덕에서 *이명지*

                                      2022년 봄

차 례

서문   이제야 제대로 뜨거운   4

발문   1. 감히 청출어람을 꿈꾸며-오창익 교수님께   265

       2. 수필가와 수필문학가는 구별되어야
       _문예수필 지킴이 이명지 선생에게 / 오창익   269

1   욕망해도 괜찮아
은퇴 시작, 제주살이

욕망해도 괜찮아	14
살사, 섹시해도 괜찮아	18
바람의 연인	24
지금 출발해도 괜찮아	29
나답게 산다는 것	32
로망, 전원생활의 시작	37
은퇴, 전원에서 시작하는 청춘 시대	42

2 후회조차 아름다운

양평 이주, 전원 살이

나도 내가 좀 멋지다	55
후회조차 아름다운	58
사랑하라, 한 번도 사랑하지 않은 것처럼	62
달빛 부서지는 강둑에 홀로 앉아	69
초록섬에 착륙하다	79
혼자라도 괜찮아	81
양평댁 청소하자	86
머슴이 필요해!	91
미지와 무지 사이	95
염치에 대하여	99
나라를 못 구한 사람	110
흔적	122

3 사랑해도 괜찮아
육십, 그리고 에로티시즘

사랑해도 괜찮아	128
한 번도 애인이 없던 적이 없다	133
모든 연애는 남자의 하중을 갈망한다	140
우리 집에 고추가 큰다	146
나의 그림 감상법	148
복잡한 연애	150
그리움의 효용 가치	153
우린 아직 가임기야	156
개화	160
순정한 처녀로 맞는	161
이런 엄마	163
꾸덕하다	168

4 외로워도 괜찮아
결핍, 상처 그리고 위로

외로워도 괜찮아 173

먹어 치워라! 177

늙어갈 수 있어서 다행이야 184

욕망의 언저리에서 187

나의 유통기한 190

배설의 기쁨 193

가족 대상 시상식 195

시간이 만들어 낸 나의 무늬 197

가을 목수국 199

날씨가 좋아서요 200

5	부끄러움에 기대어
	성장하는 사람은 늙지 않는다

부끄러움에 기대어	204
내 몫	207
나의 '바깥'	212
이별의 품격	214
포옹, 너를 안는 법	220
안부	228
인형 놀이하는 할머니	229
이제 그만 가자!	233

6 나의 낭만적 동반자들
나를 나답게 하는 사람들

야만, 야만스러운	239
영혼의 동반자 와인	244
나의 낭만적 동반자	248
까르페 디엠	252
사과를 긁으며	254
혼자	257
그대에게 가는 길	260
그대를 로그아웃하며	261
가을 탓	263

1부

욕망해도 괜찮아

은퇴 시작, 제주살이

욕망해도 괜찮아

생업에서 은퇴하고 제일 먼저 하고 싶었던 건 '하기 싫은 거 안 하기'였다. 그것에서 자유로워지니 자연스레 하고 싶은 것들이 추려졌다. 먹고사는 일에만 전념하며 앞만 보고 산 사람들은 자신이 하고 싶은 일이 무엇인지 잘 모른다. 진짜 내가 좋아하는 게 무언지, 내 가슴이 욕망하는 것이 무언지 말이다. 너무 오랫동안 제 가슴의 욕망을 눌러두고 산 것이다. 하고 싶은 것보다 해야만 하는 것들에 집중하며 살아온 이들은 욕망하는 것조차 잊은 지 오래다. 심장이 나대지 못하도록 의무라는 붕대로 꼭꼭 싸매고 살아온 탓이다.

나도 그랬다. 나름 자신의 욕망을 해소하며 살아왔다고 생각했지만 돌아보니 진짜 내 가슴이 원하는 것을 한 것 같지 않았다. 늘 미진했고 사람들의 시선을 의식했고, 뭔가 좀 멋진 쪽, 가식이 섞인 선택을 해왔던 것 같다. 이제는 내 가슴을 들여다보며 내 감정과 욕망에 좀 솔직해지고 싶다. 사회적 가식과 편견에서 자유로운 진짜 나의 욕망. 슬슬 붕대를 풀어보고 싶어졌다. 뭘까? 뭐가 나타날까? 심장이 쫄깃해지고 있다.

제일 먼저 하고 싶지 않은 것부터 걷어내기 시작했다. 가령 먹고살기 위한 일 안 하기, 만나고 싶은 사람만 만나기, 모임 직책 안 맡기, 욕하고 싶은 사람 참지 않기, 체면 걷어내기, 화장 안 하기, 의미 없는 규칙에서 놓여나기, 성실하지 않아도 되기, 어려운 책 안 읽기, 바쁘게 걷지 않기, 오늘 할 일 내일로 미뤄보기, 원고 청탁 거절하기, 강의 일정 거절하기, 전화 안 받기, 문자 답 안 하기, 뉴스 안 보기, 먹고 싶은 것만 먹기, 드러누워 뒹굴거리기, 세수 안 하기, 잠옷 입고 종일 지내기, 브래지어 안 하기, 샤워 매일 안 하기, 자고 싶을 때, 자고 일어나고 싶을 때 일어나기, 맘껏 게으름 피우기 .
원초적 욕구에 자신을 내맡겨 보았다. 방종해지고 싶었다. 교육이란 이름으로 길들여져 온 규범에서 놓여나 내가 뭘 원하는지 알고 싶었다. 정말 좋았다. 아무도 나를 구속하지 않았고 규범이 나를 야단치지도 않았고 생업이 내

발목을 잡지도 않았다. 정말 자유로웠다. 근데 몇 달 동안만….

방종은 생각보다 즐겁지 않았다. 오히려 슬슬 불편해지기 시작했다. 하고 싶은 것만 하고 살면 천국 같을 거로 생각했는데 뭔가 자꾸 불편했다. 인간에게서 사회적 역할과 대외적인 모습을 홀딱 벗겨놓으면 무엇이 남을까? 진정한 욕망이란 게 대단한 그 무엇 같았는데 벗겨놓으니 참으로 지질했다. 그동안 억제되고 일그러진 진짜 내 모습을 정면으로 마주한 것 같은 불편함. 이 또한 교육과 오랜 관습에 의해 체득된 모럴의 작용일까? 그저 해보지 못한 것에 대한 갈망에 불과했던 것이었을까? 어쩌면 그동안 사회생활에서 사람들에게 보인 나의 모습이 진짜가 아니었을까? 어떻게 완전히 다를 수 있겠는가? 보이는 것 외에 완전히 다른 무엇이 있을 거로 생각하며 살아온 것이 오히려 착각이 아니었나 싶었다.

누추하고 부끄럽지만, 원초적 욕구들을 있는 그대로 받아들이기로 했다. 제일 좋았던 건 생업에서 놓여났다는 것이었다. 30년 넘게 매일 아침 어렵게 잠을 털고 일어나 출근을 하고 정해진 일정표에 의해 생활하고 즐겁지 않아도 웃고, 의무적으로 사람을 만나고 비즈니스 식사로 에너지를 채웠다. 나는 대학 강의와 언론사 대표를 겸하며 일해 온 터라 늘 시간에 쫓기며 살았다. 마감 기한에 쫓겨 설익은 원고를 던지고, 준비 덜 된 강의록으로 강단에 선 뒤 스스로 미진함에 시달렸던 기억들. 그런 것들이 쌓여 자신감의 결여를 낳고 더 나은 최선을 향해 달리고 또 달려야 했던 치열한 시간들. 은퇴는 그런 긴장감에서 놓여났다는 것만으로도 참 좋았다. 성공한 사회생활이란 얼마나 욕망을 잘 다스리느냐에 달렸다. 하고 싶은 것을 잘 참고, 하기 싫은 것을 얼마나 잘 해내느냐의 문제 말이다.

일상에서 비즈니스 측면을 배제하니 모든 것이 간명해졌다. 인간관계도, 입는 것도, 먹는 것도, 사는 것도…. 새삼 인생이란 생업이 전부라는 생각이 들었다. 짚어보니 은퇴 후, 하고 싶지 않은 것들도 대체로 생업과 연관된 것들이었다. 그만큼 의무와 책임만이 빼곡한 세월을 살았단 뜻인가보다.

그 업무에서 파생된 관성의 일상을 벗으려고 선택한 것은 춤이었다. 어깨에서 힘을 빼고 부드러움을 장착할 춤, 살사(salsa). 쿠바의 리듬에 재즈, 솔, 로큰롤 등의 요소를 혼합한 라틴 음악에 맞춰 추는 춤, 살사의 세계에 입문해 보기로 했다. 나의 은퇴 생활은 새로운 것에 도전하는 것으로 시작했다. 가슴이 뛰었다.

살사, 섹시해도 괜찮아

낯선 남자의 손은 생각보다 거북했다.
춤을 배우겠다고 결심하고 설렜던 것 중 하나가 그것이기도 했는데 현실은 생각과 달랐다. 라틴 소셜(social) 댄스인 살사(salsa)에 입문하면서 가장 어렵게 느낀 것은 스텝도 패턴도 아닌 손 잡기, 다짜고짜 손잡기였다. 홀딩이라고 하는 이 과정이 내겐 참으로 난제였다.
더 나이 들기 전에 젊고 역동적이고 관능적이기까지 한 살사를 배우고 싶어 찾아보니 살사클럽이 집과 멀지 않은 곳에 있었다. 나이대별로 요일을 달리하고 있었는데 일단 중년 살사 왕초보 반에 등록했다. 용기를 내어 찾아간 첫날 우선 그 규모에 놀랐다. 이백여 평의 살사 바에 대여섯 개의 수준별 강습이 이뤄지고 있었고 백여 명의 강습생을 포함해 하루 입장객이 평균 이삼백여 명에 이른다고 했다. 바 중앙의 소셜 무대에선 살사 커플들이 현란한 동작으로 흥겹게 살사를 즐기고 있었다. 생초보인 나의 눈엔 모두가 고수처럼 보였다. 기가 꽉 죽었다. 아는 사람 없이 인터넷 검색으로 찾아간 터라 누구도 반겨주거나 이끌어주지 않았고 등록한 강습 교실에 혼자 찾아가야 했다.

나의 살사 첫 도전은 완전한 실패로 끝났다. 왕초보 강습에 두 번 참석하고 결국 나가지 않았으니까. 첫 번째 이유는 땀 냄새 후끈한 지하실의 분위기에 적응하지 못했고, 두 번째는 낯선 남자의 손을 잡아야 하는 일에 실패했다. 하지만 살사에 대한 로망은 포기하지 않았다. 나는 지하실의 그 생경함과 땀 냄새를 피해 개인 강습을 선택했다. 일주일에 한 번 강사를 초빙해 다시 도전했다. 강사 선생님과 한 시간을 홀딩하고 나면 땀으로 흠뻑 젖을 만큼 운동이 되었다. 기실 운동이 너무 하기 싫어 춤으로 운동량을 소화하려는 의도도 컸기에 강습은 만족스러웠다. 살사, 참 쉬웠다. 개인 강습을 받으니 금방 배울 것 같았다. 진작 이렇게 할 걸 싶었다. 십 회 강습으로 나는 살사를 다 배웠다고 생각했다. 너무나 가당찮은 착각이었다.

개인 강습 열 번으로 살사가 만만해진 나는 언제든 마음만 먹으면 할 수 있겠다 싶어 의기양양했다. 나는 보무도 당당하게 다시 소셜클럽 강습에 등록했다. 어느 정도 자신감도 있었고 바의 분위기도 알고 간 터라 처음보단 많이 나을 거란 나의 자만은 여지없이 무너졌다. 아직도 나는 여전한 왕초보였다. 파트너가 있는 춤은 리드 파트너의 숙련도에 따라 완전히 달라진다는 걸 몰랐다. 개인 강습 때는 노련한 강사와의 홀딩이었기에 나는 내가 잘 춘다고 착각했다. 단체 강습에서 같은 초보 수강생들끼리 잡아보니 기본적인 것도 쉽지가 않았다. 더욱이 낯선 이와 손잡기는 여전히 내게 난제였다. 참 이상한 노릇이었다. 언론인으로 이십 년, 대학 강단에서 십 년 동안 첫인사는 무조건 악수로 시작한 나였고 악수만 해봐도 그 사람의 성격이나 나에 대한 호감도까지 단박에 파악할 만큼 손잡기에 일가견이 있다고 믿던 터다. 성격도 적극적인 편에 속했다. 그런 내가 홀딩에 이토록 어려움을 느낀다는 게 참 이해가 안 됐다. 대체 왜 그럴까?

  익명성, 내게 홀딩이 그토록 어려웠던 이유가 익명성 때문이었다는 사실을 나는 한 참 후에야 깨닫게 되었다. 춤의 사회는 완전한 익명성으로 교류한다. 내가 누군지, 어떤 일을 하며 살아왔는지 현재 어떤 직함을 가졌는지 서로 모른다. 묻지 않는다. 이름도 닉네임만을 사용해 그저 보이는 모습으로 가늠되는 나이와 춤 실력만이 평가의 전부다. 살사의 사회에서 나의 포지션은 왕초보 실력에 나이

든 아줌마에 불과했다. 그것도 최고령 축에 속했다. 그도 그럴 것이 이곳 소셜클럽에는 육십 세까지만 가입이 가능한 규정이 있어 나는 막차에 겨우 올라탄 셈이었으니까.

그동안 나는 명함 하나로 당당하게 손 내밀어 악수했고, 환영받았고, 인정받았고, 대우받았다. 실제 나의 인격보다 나의 명함이 내 인품의 이미지를 만들었고 존경받는다고까지 생각했던 내게서 소셜 포지션(social position)을 떼어내니 나는 초라하기 그지없는 초로의 여인에 불과했다. 아무도 나를 몰라주는 사회에서 스텝이 꼬여 버벅거리는 대책 없는 나이 든 여자일 뿐이었다. 배려받는데 익숙한 내게 자신도 낯선 닉네임 스티커 하나 달랑 가슴에 붙인 채 젊은이들 속에서 엇박자 스텝을 밟고 있는 나는 너무도 초라했다. 더는 젊지도 않고 주목받지도 못한다는 사실이 당황스러웠고 나를 위축시켰다.

춤을 배우는 첫 단계는 익명성에 익숙해지는 것이었다. 직함을 떼어내고 군중 속의 일개가 되는 일이었다. 그렇게 계급장을 떼고 나니 사람이 보였다. 내가 배려해야 할 사람들이. 나이와 상관없이 나와 같은 심정으로 쭈뼛거리고 낯설어하고 있는 모습들이 그제야 보였다. 더욱이 춤을 선도해야 하는 살세로의 입장에서는 살세라에게 늘 주눅이 들 수밖에 없을 것 같았다. 자기 스텝도 안 되는데 리

드까지 해야 하니 말이다. 그들이 어떤 계급장을 달고 있는지 나도 모른다. 처음부터 달고 오지 않거나 떼어내는 일은 각자의 몫일 수밖에 없다. 하지만 조금 도와줄 수는 있을 것 같았다. 생각을 바꾸자 손잡는 일이 훨씬 수월해졌다. 어색하고 뻣뻣하기만 하던 손이 부드러워졌고 적극적으로 패턴을 받아주게 되었다. 거기까지가 육 개월이 훨씬 더 걸렸던 것 같다.

살사로 시작해 바차타(Bachata) 강습까지 중복으로 수강하며 춤에 대해 좀 더 뜨겁게 다가갔다. 그렇게 쉬지 않고 일 년, 강습 동기들과도 친해지니 처음의 어색함은 많이 줄었다. 홀딩도 내가 먼저 손 내밀 정도로 거침이 없어졌고 소셜에서도 홀딩 신청을 즐길 수 있는 정도가 되었다. 몸도 매우 부드러워졌고 균형감도 좋아져 한 바퀴 턴에도 비틀거리던 것이 두세 바퀴 턴도 거뜬해졌다. 음악이 나오면 저절로 몸이 박자를 탄다. 다리에도 근육이 생기고 군살도 줄어 건강해졌다는 느낌이다. 내게 살사는 운동 대신 선택한 몸 쓰기의 일상이다. 강습은 일주일에 한 번 가지만 집에서 매일 운동을 대신한다. 우선 즐겁다. 살사에의 입문은 은퇴 후 큰 즐거움 중의 하나가 됐다.

살사댄스는 아름답고 건강한 춤이다. 파트너가 있는 춤은 치매 예방에도 도움이 된다는 뇌과학자의 추천도 있다. 육십, 지금 시작해도 늦지 않다. 도발하라. 낯선 이의 향내에 좀 설레면 어떠랴. 좀 뜨거우면 어떠랴. 섹시함 만큼 건강한 것이 어디 있는가? 나는 꿈꾼다. 석양이 불타는 크루즈 선상에서 백발을 휘날리며 날렵하게 스텝을 밟는 매력적인 할머니 살세라를….

바람의 연인

어둠이 내린 백사장에서 춤을 춘다. 아무도 보고 있지 않은 것처럼, 아무것도 입지 않은 것처럼, 아무것에도 꺼둘리지 않은 것처럼, 버려진 집시여인처럼 춤을 춘다. 바람이 목덜미를 핥는다….
　해가 지면 슬슬 바다로 나간다. 어둠이 내려앉는 백사장을 천천히 산책한다. 이어폰으로 흘러드는 음악은 언제나 바흐의 무반주 첼로. 밤바다의 빛깔은 장엄한 푸른빛이다. 슬프게 먹을 품은 프러시안 블루, 그 위에 자신의 존재를 드러내며 철썩이는 포말의 화이트와 잘 어울린다. 어둠이 완연하게 나를 가려줄 때쯤이면 나는 전화기의 음악을 춤곡으로 바꾸고 천천히 웨이브를 탄다. 파도의 근육이 비트(Beat)를 쪼개며 달려든다. 스텝이 빨라지며 호흡이 가쁘다. 모래알이 튀고 발자국이 구덩이를 만든다. 제주 바다의 억센 봄바람이 산발한 내 머리카락 깊숙이 손가락을 찔러 넣는다.

스스로 버려져 제주로 온 지 두 주일째. 나는 혼자 노는 법을 배워가고 있다. 어둠이 나를 가려줘야만 자유로워지는 건 여전하지만 조금씩 자유로움을 알아가는 중이다. 세상의 시선과 의미 없는 관계, 내 의식의 규범과 공간의 한계, 무디어진 일상의 관습에서 일탈해보려 스스로 택한 버려짐. 버리고 들여다보기 위해 나는 떠나왔다. 무엇을 하기 위해서가 아니라, 무엇을 얻기 위해서가 아니라 그저 나를 한번 내버려 둬보고 싶어서. 어떤 의미나 이유도 붙이지 않고 어떤 설명도 없이 그냥 한번 시공간 속에 던져 둬보고 싶었다. 별 어려울 것도 없는 이 일을 한 번도 해보지 못한 채 희망 사항 리스트에만 넣어두고 살다가 참으로 엉뚱하게도 집 정리를 하다가 실행을 결심하게 됐다.

인간이 살아가는 데 필요한 것은 얼마나 될까? 아이러니하게도 나는 정리 정돈을 잘하는 축에 든다고 여겼다. 차곡차곡 정리를 잘해두면 버릴 것이 없다고 생각했다. 물건은 많지만 산만하거나 복잡하지는 않다는 뜻이다. 그런데 어느 날 문득 둘러보니 짐 속에 내가 살고 있었다. 아니 내 집에 짐이 사는 것이다. 이것들이 집세도 안 내고 말이다. 사랑하는 아들도 서른 살이 되자 내 집에서 나가라고, 독립하라고 쫓아냈는데 감히 이것들이 말이다. 나는 짐 속을 비집고 다니며 살고 있었다. 생각 없는 관성이란 얼마나 사람을 바보로 만드는가. 벗어나 보지 않으면 자신이 잘 안 보인다는 것도 안다. 그럼에도 그 벗어나는 걸 못 하고 살았으니 말이다.

아무리 정리해도 도무지 짐이 줄지 않았다. 수십 년간 함께 살았던 짐들이 의미와 추억의 카드를 빼 들며 나가지 않겠다고 버텼다. 식구가 넷에서 셋으로, 둘로, 결국 하나가 되기까지 버리고 버렸다고 생각했는데 줄기는커녕 늘어만 갔다. 크고 작은 네 개의 방, 거실, 이 공간을 혼자 쓰는데도 늘 공간이 부족하게 느껴졌다. 살면서 덜어내기란 여간 어려운 게 아니었다. 도대체 나는 무엇을 이토록 끌어안고 살아왔는가? 짐을 정리하기 위해 이사를 할까도 고민했지만, 그도 쉬운 일은 아니었다. 그래서 생각을 바꿨다. 짐들에서 내가 버려져 보기로, 도망쳐 보기로.

익숙한 것으로부터 떠나왔다. 새로운 낯선 것들이 나를 에워쌌다. 조금 두렵고 많이 설레는 자발적 버려짐. 작은 승용차 한 대에 담아 온 짐들로도 큰 불편이 없는 생활이 신기하고 놀라웠다. 사회적인 지위를 정리하니 자연히 짐이 줄었다. 내 옷방에 가득 채워진 옷 중 여행 트렁크 하나에 골라 담아온 것으로도 부족함이 없고 몇 가지의 주방 기구로도 충분히 배를 채웠다. 더욱이 아무리 읽고 또 읽어도 쌓여만 가던 못 읽은 책들에서도 도망치니 머리가 말갛게 비워졌다. 내가 가진 것들은 허영에 필요한 것이 대부분이었나 보다. 주변 사람들에게 멋지게 보이고 싶은 허영, 사용도 하지 않는 것들이 수북한 소유의 허영, 그중 가장 심한 것은 지적 허영이었다. 문우들에게서 오는 신간이 며칠이면 책상에 수북이 쌓이지만 정작 나는 인터넷 서점에서 더 많은 책을 주문하는 축이다. 읽고 싶은 책을 쌓아놓으면 맛있는 음식을 쟁여두고 먹는 것같이 행복해서 많은 책을 사들이지만 정작 다 못 읽고 책장에 꽂히는 수가 절반도 넘었다. 그렇다고 나의 허영이 부끄럽지는 않다. 허영이 지금의 나를 만들었고 삶을 풍요롭다고 느끼게 해준 동력이었다는 것도 부인하지 않는다. 하지만 이제는 좀 다른 허영을 부려보고 싶다. 덜어내는 삶, 가식을 덜어낸 가벼움의 허영, 내 마음길을 따라가는 단순한 삶 말이다. 버릴 수 없다면 내가 버려져야겠다고 생각했다. 거기서 나와 봐야 내가 보일 것 같았다.

  익숙한 것에서 떠나와 홀가분해지니 내가 보인다. 주변의 것에 눈이 빼앗기지 않고 오롯이 나에게로 시선이 모인다. 내 가슴이 내는 소리가 들린다. 은퇴는 소용의 가치를 다한 폐품이 되었다는 뜻이 아니다. 인생이라는 한 권의 책을 앞에 놓고 마지막 페이지를 어떻게 쓸 것인가를 고민하는 멋진 시작이라는 것도 알게 된다. 그래서 나는 날마다 가벼워지는 중이다.

  제주의 밤바다는 매일 밤 나를 유혹한다. 해가 지면 나는 남자를 후리기 위해 출근하는 술집 작부처럼 하늘거리는 드레스를 입고 바다로 나간다. 바닷바람이 내 치맛자락을 거칠게 흔들며 춤을 청해오면 나는 살짝 무릎을 굽히고 눈웃음으로 춤을 수락한다. 바람의 손을 잡고 춤을 춘다. 맨발의 이사도라 덩컨이 된다. 핑그르르 원을 돌면 어느새 나는 바람의 품에 있다. 바람이 내 품에 있다. 나는 바람의 연인이다.

지금 출발해도 괜찮아

출발은 언제 해도 멋진 일이다.

삼, 사월 두 달간의 제주살이를 마치고 돌아오는 비행기가 서울에 가까워지자 상공에서 내려다보이는 도시 풍경에 숨이 턱 막혀왔다. 저 콘크리트 더미 속에서 지금껏 살아왔다고? 처음 보는 풍경인 듯 새삼스러웠다.

두 달간 비워둔 집에 돌아오자 그동안, 이 공간 안에서 치열했던 일상들이 한꺼번에 로그인되었다. 마치 업무공간으로 출근한 것 같은 긴장감마저 들었다. 더 당혹스러운 것은 글이 한 줄도 써지지 않는다는 것이다. 제주에서 글 쓰는 손이 생각을 따라잡지 못할 정도로 폭발하던 영감이 마치 시멘트를 부은 듯 꼼짝도 안 했다. 아, 나는 몸만 콘크리트 덩어리 속에 산 것이 아니라, 생각도, 마음도 그랬구나. 나의 영혼은 도시의 틀 안에 갇혀 살았구나 싶었다.

제주서 돌아온 지 일주일 만에 서울 근교에 전원주택을 마련했다. 수십 년을 벼르던 일을 일주일 만에 실행에 옮겼다. 때가 무르익은 것인지 거짓말처럼 마음에 쏙 드는 집이 나를 기다려주고 있었다.

전원주택 살이가 시작됐다. 사방이 초록으로 둘러싸인 곳에서 아침에 눈을 뜨면 이렇게 행복해도 되나 싶어 절로 무릎을 꿇고 기도를 한다. 모태 신앙이긴 하지만 나는 제대로 기도를 해본 적이 없어 기도하는 법도 잘 모른다. 그런데 전원 살이는 매일 감사의 기도를 올리게 한다. 가슴으로 기도하는 법을 이제야 제대로 알아가는 중이다.

사람들이 그랬다. 어떻게 그렇게 쉽게 결정하고 실행할 수 있었느냐고. 나는 쉽게 대답했다. 첫째 결심하면 되고 둘째 실행하면 된다고. 그렇다고 지금껏 살아온 도시를 싫어하거나 다시는 돌아오지 않겠다는 마음이진 않다. 나는 그곳에서 아이를 낳고, 키우고, 먹고살았고, 욕망했고, 공부했고, 나의 꿈과 포부들을 이루고 성취하며 살아온 삶의 터전이었다. 뜨겁고 치열했고 나의 가장 반짝거리던 전성기를 증명해주는 곳도 도시의 삶이다. 사람은 때와 장소에 따라 있어야 할 곳이 다른 것처럼 지금 내가 머물고 싶은 곳이 전원인 것뿐이다. 생의 후반을 내가 꿈꾸던 곳에서 살 수 있다는 것이 치열한 삶의 보상 같아서 매 순간 감사의 기도를 드리는 심경이다.

　모든 게 처음처럼 새롭다. 감성의 결기가 올올이 살아날 수 있도록 소리를 채집하는 사람처럼 내 마음에 귀를 기울인다. 내 가슴이 무슨 소리를 내고 있는지 듣는다. 지금 시작해도 늦지 않다는 자신감이 든다.

나답게 산다는 것

게으르게 느긋하게, 아무것에도 쫓기지 않는 평화로운 삶….

나는 쫓기며 사는 게 제일 싫다. 시간에 쫓기고 원고 마감에 쫓기고 카드값 결제일에 쫓기고….

기자 시절에는 촘촘한 일정으로 늘 시간에 쫓겼다. 주간신문 특성상 기사를 몰아서 쓰다 보니 마감 시간이 늘 숨이 막혔다. 직장과 대학원 공부를 병행하며 틈틈이 문학지에서 받은 원고 청탁까지 소화하다 보니 분초를 다투며 살아온 듯하다.

하지만 그 무엇보다 힘든 마감 시간은 카드 결제일이었다. 아이들 아빠가 세 번째 거덜을 낸 후 나는 신용카드 세 장으로 현금서비스 돌려막기로 근근이 버티며 살아야 했다. 아들아이는 일본에서 유학 중이었고 딸아이는 대학생이었다. 다행히 아이들이 공부를 잘해 딸아이는 전액 장학금을 받았는데도 학자금 대출을 받아 생활비에 보태 썼다. 아들도 일본에서 일부 장학금을 받고 아르바이트도 했지만 그래도 부족한 부분은 보내줘야 했다.

융자받은 돈으로 투자해 수입이 짭짤하던 사업장도 남편이 결딴내 버리고 나니 들어오는 돈은 없고 대출만 덩그러니 남았다. 내 월급으로 모두를 감당하기엔 역부족이었다. 순식간에 아득한 벼랑 끝에 선 기분이었다. 매월 부족한 금액을 카드 현금서비스를 받아 메꾸고, 다음 달에 또 현금서비스를 받아 돌려막기를 했다. 그런데 어느 순간 구멍이 나기 시작했다. 돌려막는데 돈이 모자라는 것이다. 불과 2~3일의 격차였다. 그동안은 빌려서 막아야 했는데 정말 숨 막히고 피가 말랐다.

내 주변에는 부자들이 많았다. 나는 당시 대학에서 CEO들을 담당하는 최고경영자과정 주임교수였기에 주변에는 부자들이 넘쳐났다. 하지만 나는 우리 원우 그 누구에게도 내색조차 하지 않았다. 그것은 내가 버틸 수 있는 최후의 보루, 자존심이었다. 단 한 사람 동료 여교수에게 도움을 요청했는데 거절당했다. 최고급 수입차를 타며 충분히 여유 있어 보였던 그 교수는 온갖 핑계를 대며 거절했다.

평생 처음 누구에게 돈을 빌려달라는 말을, 몇 날을 고심해 있는 용기를 다 끌어내 말했다가 거절당한 그때의 참담함을 나는 십수 년이 훨씬 지난 지금도 어제 일처럼 또렷하게 기억한다.

그다음 내가 도움을 청한 사람은 고향 친구였다. 은행원 남편을 둔 주부인 친구는 생활비를 받아서 쓰는데 그 생활비를 흔쾌히 내게 빌려주었다. 돌려막기 하는데 필요한 차용 기간은 단 3일이었다. 매월 그 3일간을 버틸 금액이 필요했고 친구는 매달 그 금액을 빌려주었다. 그렇게 2년여를 반복한 것 같다. 나는 고마움에 매번 목이 메고 친구는 돌려받아야 하는 것에 미안해했다. 친구네 한 달 생활비로 감당되는 액수였지만 당시 내게는 태산의 무게보다 버거웠다.

친정 형제들은 당시 막내 오빠가 사업에 실패하며 다른 형제들에게 상처를 준 상태여서 서로 돈 얘기를 하지 않는 것이 묵계로 되어있던 때라 가족들에게 손 벌릴 처지가 아니었다.

지금 담담히 이런 얘기를 꺼내면 여러 사람이 그때 왜 자기에게 말하지 않았느냐고 오히려 섭섭해한다. 그러게 말이다. 그때는 왜 그 사람들 생각이 안 났는지 모르겠다. 사람이 한계 상황에 부닥치면 주변을 크게 보기 어려운가

보다. 눈앞에 맞닥뜨린 그것만 보이는가 보다.

재물도 인연의 때가 있는가 보았다. 부잣집 아들과 결혼해 화려하게 시작한 신혼 살이의 재물은 5년을 가지 못했다. 남편이 첫 번째 거덜을 낸 시기가 그때다. 그래도 당시는 시아버님이 해결해 주신 덕에 한동안 견뎌낼 수 있었다. 하지만 남편의 거듭된 실수에 어느 날 돌아보니 내가 가장이 되어있었다. 하지만 누구라도 끌어갈 수 있으니 감사한 일이었다. 더 이상 사고만 안 내면 살아낼 수 있을 것 같았다. 돈이야 누구든 벌면 된다고 생각했으니까.

하지만 남편에게 재물은 밑 빠진 독일뿐만 아니라 빚만 쌓이는 독이었다. 남편이 세 번째 거덜을 내었을 때 나는 더는 버티지 않고 헤어지기로 했다. 결혼 후 26년째 되던 때였다. 가정을 지키겠다는 전통적 모럴은 아무 의미가 없었다. 더는 고통스럽게 살지 않기로 마음먹고 종지부를 찍었다.

밑이 빠진 독이 없어지고 당분간 더 카드 돌려막기로 버텨내고 나니 거짓말처럼 어느 때부턴가 재물이 조금씩 고이기 시작했다. 세상에! 이런 일도 있구나 싶게 경이로웠다.

이제는 그 어느 것에도 쫓기지 않고 산다. 카드값에도, 원고 독촉에도, 시간에도 쫓기지 않는다. 아이들도 각자 자기 몫의 삶을 잘 걸어주고 있으니 나는 지금이 가장 평화롭다. 전원에서 느리게, 게으르게, 쫓기지 않고 내가 좋아하는 글을 쓰며 사는 지금이 행복하다. 내 마음이 원하는 대로 가장 나답게 나의 생태계를 이루며 살고 있는 지금이….

로망, 전원생활의 시작

은퇴하자마자 제주에서 두 달 살이를 했다. 익숙한 곳에서 떠나니 글도 잘 써지고 낯선 설렘도 좋았다. 무엇보다 자연 속 전원의 삶이 제일 좋았다. 제주에서 살아볼 요량으로 거기서도 집을 보러 다녔고 마음에 드는 집 두 곳을 염두에 두고 서울로 복귀했다.

그런데 아무리 생각해 봐도 제주는 오가는 데 드는 시간과 비용, 그리고 날씨에 따른 돌발 변동성이 걱정됐다. 그렇다면 육지에서 자동차로 한두 시간 거리라면 선택하는데 별 고민이 없을 것 같았다. 그렇게 시작된 전원생활. 나는 제주에서 돌아온 지 딱 일주일 만에 양평 집을 계약했다. 거짓말처럼 마치 나를 기다려주기라도 한 듯 마음에 쏙 드는 인생 집을 찾은 것이다. 천생연분 짝을 만나듯 첫눈에 홀딱 반해버린 집.

성악가 부부가 미국서 살던 집 설계를 가져와 그대로 지었다는 별장. 한국서는 흔치 않은 반 층씩 3층 구조인데 거실에서 아래위층이 다 보이는 구조다. 집 전체 실내가 한눈에 들어오게 탁 트인 구조다. 게다가 4면의 벽이 거의 유리창으로 구성돼 있어 강이 보이는 풍경을 안으로 끌어들이고 있으니 어찌 첫눈에 반하지 않겠는가?

지은 지 20년 된 마당에는 그 세월이 키워낸 소나무가 울타리를 따라 서 있고 그 아래로 철쭉이 담장을 이루고 있었다. 이웃에 따르면 이 동네에서 색이 곱기로 최고라는 단풍나무도 20년 연륜만큼 아름답게 수형을 형성하고 자리를 잡고 있었다. 대지 138평. 너무 커서 벅차지도, 작아서 옹색하지도 않은, 혼자 가꾸기 딱 좋은 전원주택 규모였다.

스무 살까지 시골에서 농부의 딸로 자란 나는 언젠가는 꼭 전원에서 집필하며 살겠다는 꿈을 꿨다. 그런데 최고의 걸림돌이 겁이 많다는 거였다. 더욱이 혼자 지내야 하니 용기 내기가 쉽지 않았다. 근데 이걸 제주살이가 싹 해결해 준 거다.

제주에서 두 달 살이를 할 때 펜션에서 지냈는데 전혀 무섭거나 불안하지 않았다. 하필 내가 거주하고 있던 시기에 주인의 거주동 구조변경 공사를 시작해 저녁이면 나

외에는 아무도 없었다. 낯선 곳에서 혼자 지내면서도 두려움 없이 내 집처럼 편안하게 지내는 자신에게 가장 놀란 건 오히려 나였다. 여자가 나이가 들었다는 건 이런 편안함도 있구나 싶은 안도감이랄까? 이때 얻은 자신감으로 이제 실행할 때가 됐다는 걸 알아차렸다.

나의 이런 생각과 평소 원하는 집을 친구와 공유했다. 부동산에 관심과 정보가 많은 친구는 내가 돌아오면 보러 갈 전원주택 몇 군데를 찾아놓고 있었다. 그게 양평이었고 제주에서 서울로 돌아온 지 딱 일주일 만이었다. 행운이었다. 나를 위해 준비된 행운. 나는 이 집을 결정하는데 5분도 채 걸리지 않았다. 내가 여생을 살겠다고 마음먹는 데 걸린 시간이….

친구랑 처음 집을 보러 갔을 때는 안에 사람이 없어 외관만 봤다. 외관만으로도 충분히 마음에 들었다. 이틀 후 약속을 잡고 갈 때는 아예 친분이 있는 건축사와 지세를 보는 지관, 그리고 소개한 친구까지 세 명을 대동하고 갔다. 여러 사람의 조언을 얻어 그날 결정하고 싶었기 때문이다.

이분들의 조언이 아니더라도 나는 현관문을 열고 들어서는 순간 이미 사랑에 빠지고 말았다. 더 황홀했던 건 세 명의 지인 전문가들도 모두 흔쾌히 합격점을 주었다는 것이다. 다분히 감성적이고 즉흥적인 내 판단에 신뢰감을 얻기 위해 모시고 간 분들이었는데 금상에 첨화를 얹어주었으니 어찌 세상을 다 얻은 듯하지 않았겠는가.

그런데 또 기적 같은 다음 순서가 대기하고 있었다. 20년 된 별장을 샀으니 대공사를 어디다 맡겨야 하나 고민이었는데 사위가 자기 사업을 하겠다며 다니던 회사에 사표를 제출해 둔 상태라고 했다. 사위는 대기업에서 실내건축 디자이너로 일하고 있었는데 인테리어 회사를 창업해 자기 사업을 시작하겠다는 것이다. 그게 우리 집 공사 시작 일정과 거의 맞아떨어지는 시점이었다.

순리라는 게 이런 것이 아닐까 싶었다. 모든 게 나를 위해 준비된 수순 같았다. 나는 사위에게 모든 걸 맡기고 창업 후 첫 공사이니 모델하우스를 짓는다는 생각으로 마음껏 다 해보라고 했다. 내가 원하는 콘셉트 딱 두 가지만 주문했다. "주거는 호텔처럼, 분위기는 갤러리처럼!"

이제 이사 온 지 곧 만 2년이 된다.
나는 아직 신혼집처럼 설레며 산다. 아니 갈수록 더 사랑스럽고 평화로운 집이다. 이 공간에서 여생을 즐길 수 있기까지 손과 마음을 보태준 인연들에 매일 감사하며 살고 있다. 특히 이 집을 지어서 별장으로, 제자들과 함께하는 음악실로 애지중지 가꾸다가 내게 인연을 넘겨주신 성악가 부부께 가슴 깊이 감사하다. 이사 후 두 분을 다시 모신 적이 있다. 꼼꼼히 둘러보시며 자신들이 갖고 있을 때보다 집이 훌륭해졌다며 흡족해하시던 노부부의 모습에 나도 마음이 충만해졌다. 연로한 탓에 아끼던 별장을 팔려고 내놓았는데 집을 보러 온 사람들이 값을 깎으려고 여기저기 흠을 잡는 모습이 속상했노라며, 좋아하는 마음을 숨기지 않고 있는 그대로 표현해 주는 내게 이 집을 내어주고 싶었노라며 쓰시던 엔틱 이태리 가구와 피아노까지 선물로 주고 가신 분들이다. 인연이 닿으면 이렇게 되는가 보다.

또 꽃이 피고 나비가 날고 개구리가 뛸 것이다. 전원에 살면 시시각각 자연의 시계에 민감해진다. 해 뜨는 시간과 지는 시간이 계절마다 크게 변화하는 것도 여기 살면서 알게 됐다. 비가 오거나 눈이 내리면 더 축복 같다. 마당 잔디와 나무들과 주변 풍경들이 활짝 깨어나고 내 감성도 촉촉하게 젖는 날이니까….

은퇴, 전원에서 시작하는 청춘 시대
_SBS 라디오 유영미 아나운서의 '청춘 초대석'

#유영미 아나운서(이하 유아나): 대개 젊은 날에는 성취욕을 품고 열심히 일하느라, 또 가족을 부양하느라 개인적인 소망은 접어두는 경우가 많은데요. 막상 은퇴를 앞두게 돼도 오랫동안 미뤄둔 꿈을 꺼내는 게 쉽지 않습니다. 오늘은 과감한 용기와 도전으로 새로운 인생을 살고 계신 수필가 이명지 님 만나봅니다. 안녕하세요!

-네 안녕하세요. 이명지입니다.

#유아나: 이명지 작가님은 오랫동안 신문기자, 대학 강의, 갤러리 운영 등의 활동을 해오셨고 지금은 은퇴 후 전원생활을 하고 계신데요. 자세한 자기소개 부탁드릴게요.

-네 저는 신문기자로 시작해 발행인까지 언론인으로 20년, 대학 강단에서 10년, 그리고 갤러리 운영 4년을 끝으로 경제활동에서 은퇴하고 이제 집필에만 전념하고 있는 이명지 작가라고 합니다.

#유아나: 전업 작가가 평생의 꿈이셨다고 들었는데요. 작가의 꿈을 갖게 된 특별한 이유가 있으셨을까요?

-평생 꿈이었다기보다 한 번도 그 생각에서 떠나있지 않았던 것 같아요.

제가 초등학교 5학년 때 우리 마을 아이들이 한꺼번에 전학을 한 일이 있어요. 새 학교는 좀 더 시내와 가까워서 이 학교를 졸업해야 시내에 있는 중학교로 배치받을 수가 있었어요. 마을 어른들이 교육에 관심이 많으셨는지 아무튼 그랬어요.

이 전학이 저를 책이라는 세계에 눈뜨게 하는 계기가 되었어요. 이전 학교와는 달리 이 학교에 오니 도서관이 있는 거예요. 5학년 그 1년 동안 학교 도서관에 있는 동화책은 거의 다 읽었던 거 같아요. 그때 책의 세계와 감수성에 눈떴고 막연히 작가가 되고 싶다고 생각을 이때부터 했던 거 같아요. 고교 때까지 종종 학교 백일장에서 상도 받고 학교 대표로 교외 백일장에도 나가곤 했어요. 그러면서 막연히 나는 문학을 하며 살 거라는 생각을 하게 된 거 같아요. 학부도 국문학을 했고 대학원에서도 문창과를 전공했으니까요. 기자라는 직업도 글 쓰는 일이라 무관하진 않았네요. 하지만 온전히 제가 쓰고 싶은 글만 쓰는 창작 활동은 할 수 없었죠. 생업에 전념해야 했으니까요.

#유아나: 그동안의 경제활동을 접고 전업 작가를 선언할 때 기분이 어떠셨어요?

-꿈을 이룬 느낌이랄까요? 원하는 걸 이뤘으니 성공한 기분이었어요. 하하

수필로 문단에 등단한 건 93년 봄이었어요. 28년 전이네요. 그동안 직장생활을 하면서도 틈틈이 글을 써왔고 첫 수필집을 2005년에 출간했어요.

저의 열망은 늘 전업 작가였어요. 먹고사는 데 신경 안 쓰고 제가 쓰고 싶은 글을 실컷 써보는 바람이죠. 원래는 소설을 쓰고 싶었거든요. 박완서 선생님께 소설을 배우러 다니기도 했었어요. 근데 직장 일을 하면서 호흡이 긴 소설을 쓰기가 너무 벅찼어요. 그래서 틈틈이 쓸 수 있는 장르를 선택한 게 수필이었는데 그건 잘한 선택 같아요. 수

필은 소설도 시도 넘나들 수 있는 참 매력적인 문학 장르 거든요.

#유아나: 전업 작가로 새 출발 하기 위해서 어떤 준비하셨나요?

-은퇴 후 집에서 글을 쓰겠다고 책상에 앉아있는데 뭔가 계속 불안한 거예요. 무언가 하지 않으면 안 될 거 같아 끊임없이 집안일을 하고, 누군가 부르면 금방 달려나갈 채비로 매일 화장을 하고 있었어요. 대기조 같았어요. 좌불안석이더군요. 오랜 직장생활의 습이 남아서 긴장이 놓이지 않는 거죠. 그러니 글도 안 써졌어요. 안 되겠다, 마음 밭을 갈아엎어야겠다 싶더군요. 타성에 젖은 환경, 습관을 바꿔야겠다고 생각했어요. 제자리에 가만히 앉아서 마음만 다르게 먹는다고 새로움이 장착되지 않더라고요. 문학 용어에 '낯설게 하기'라는 말이 있어요. 우선 익숙한 이 환경에서 좀 벗어나야겠다고 생각했어요. 그래 생각한 게 제주도에서 두 달 살기였죠.

#유아나: 제주에서 두 달 살기를 하셨는데 익숙한 곳을 떠나서 낯선 환경에 머무는 것이 글을 쓰는 데 어떤 도움이 됐을까요?

-낯선 공간에 있으니까 단순해졌어요. 오직 나 자신에게만 집중된다고 할까? 지난해 2, 3월 두 달간 제주에서 지냈는데 정말 글이 잘 써지더라고요. 아침 7시에 일어나 저녁 6시까지 종일 글을 썼어요. 배는 고픈데 밥을 하고 또 먹는 시간조차 아까워 식사를 컵라면이나 즉석식으로 때우다 보니 체중이 4킬로나 늘어 왔어요. 그만큼 집필 몰입도가 좋았어요. 낯선 곳에 있으니 일단 사람들의 방해를 안 받고, 집안일도 최소한으로만 하게 되고, 외모나 옷치장 같은 것에도 전혀 시간이 빼앗기지 않더군요.

#유아나: 나이가 들면서 새로운 도전을 두려워하고 상황에 안주하면서 적응하려는 분들도 많으신데요. 혹시 새로운 삶에 대해서 걱정되는 마음은 없으셨나요?

-원하던 생활을 할 수 있다는 거에 설렜어요. 오늘 하루는 또 어떤 삶이 펼쳐질까 하고요. 저는 호기심도 많아요. 새로운 것에 두려움도 있지만, 그 두려움은 설렘의 반대말이기도 하고 또 도전하는 에너지를 주잖아요? 궁금한 자체가 에너지의 다른 말이기도 한 거 같아요.

#유아나: 제주에 다녀와서 바로 경기도 양평으로 이사를 하셨

다면서요. 은퇴 후 전원생활을 하는 건 많은 사람의 소망인데 꿈을 실현해보니 어떠시던가요?

-제주 두 달 살이에서 돌아오자마자 일주일 만에 양평 집을 계약했어요. 마치 운명처럼 제 마음에 꼭 드는 집을 만나 그 자리에서 결정했어요. 제주도 펜션에서 혼자 두 달 살이를 하면서 전원에서 혼자 살 자신감이 생겼어요. 더는 도시에서 살아야 할 이유가 없더라고요. 지금이 꿈꾸었던 전원살이를 실현할 적기라는 생각이 들었어요. 그만큼 제주살이가 좋기도 했고 더 나이 들면 전원생활이 힘들다는 얘기도 들었거든요. 그냥 저질렀어요. 벼르고만 있으면 제 삶에 아무 변화도 일어나지 않잖아요. 이사한 지 1년 반이 되었네요. 한마디로 표현하면 아직도 밀월 기간이에요!

#유아나: 양평에서 전원생활을 즐기는 하루 일상을 자세하게 소개해주세요.

자연의 시계에 맞춰 눈을 뜨고, 또 잠자리에 들곤 해요. 여름엔 5시 반이면 날이 밝아서 절로 눈이 떠져요. 침대에 누워서도 훤히 내다보이는 초록의 향연이 정말 비현실적으로 아름다워서 누워 있을 수가 없어요. 그 새벽의 해 뜨는 풍광을 놓치고 싶지 않아 차 한잔을 들고 테라스에 앉아서 하루를 시작하지요. 날이 완전히 밝으면 마당에 있는 살평상에 앉아 조간신문을 꼼꼼히 읽어요. 저는 이때가 가장 좋아요. 세상과 소통하는 시간이잖아요. 종이 신문을 읽는 맛은 인터넷의 그것과 비교할 수 없어요. 종이 세대라 그럴까요?

아침 식사를 하고 마당에 잡초를 뽑거나 집안일을 조금 하고 책상에 앉아 글을 쓰거나 책을 읽어도 아직 오전이에요. 전원살이를 하면서 오전이 그리 긴 시간인지 처음 알았어요 하하~

서울에서의 생활은 느지막이 일어나 브런치로 식사를 하고 나면 오전이 훌쩍 지나는 생활이다가 전원에서의 하루는 정말 알찬 게 경이로워요. 제 인생의 총량이 확 늘어났다고 할까요. 이게 가장 큰 수확 같아요.

#유아나: 그동안 저자로 책도 두 권 내셨는데요. 내신 책들도 소개해주세요.

-2005년에 낸 첫 책은 수필집 〈중년으로 살아내기〉입니다. 일과 대학원 학업, 엄마, 아내, 며느리, 딸 노릇을 해

내야 하는 40대 직장여성의 치열한 삶과 열정을 담은 책이에요.

두 번째 책은 2019년 봄에 낸 〈헤이, 하고 네가 나를 부를 때〉인데 안간힘을 다해 고단한 삶을 이겨내면서 허영도 제 삶의 무기였다는 고백과 그때의 심경을 진솔하게 담은 책이에요. 전업 작가 생활의 꿈을 이루게 된 현재 상황이 치열하게 살아온 제 삶에 대한 보상 같아서 마치 내 인생이 '헤이!' 하고 나를 불러주는 것 같았어요. 정말 울컥했어요. 그래서 나온 책 제목이에요. 제 삶은 백조 같았거든요. 겉으론 우아해 보이나 저 자신은 그걸 유지하기 위해 죽을힘을 다해 물속에서 발길질해대며 살았거든요. 늘 우아하게 살고 싶었어요. 힘들거나 초라해 보이고 싶지 않은 허영이 저를 지켜줬고, 지금까지 잘 버틸 힘이 되어주었다고 생각해요.

#유아나: 전업 작가로 성공적인 삶을 살고 계시는데요. 문학상도 받으셨다고요?

-성공이란 말은 당치 않아요. 이번 책 〈헤이, 하고 네가 나를 부를 때〉를 출간하고 네이버에서 '베스트셀러' 마크가 3주간 붙어있더라고요. 이 책으로 제32회 동국문학상

을 수상했는데 그 어떤 상보다 받고 싶은 상이어서 참 영광스러웠어요. 이 상은 동국대 출신 문인 중에서 선정, 시상하는 상이지만 동국대 출신 문인들은 내로라하는 문인들이 정말 많거든요. 제 자랑을 하고 나니 좀 얼굴이 뜨겁습니다.

#유아나: 작가의 삶만 즐기고 있는 게 아니라 봉사활동도 하고 계시죠? 어떤 활동을 하고 계시는지요?

-이 나이가 되었다는 것은 지금까지 살면서 알게 모르게 많은 도움을 받으면서 왔다는 거잖아요. 이젠 나도 세상에 뭔가를 좀 내놓아야 할 때 같아요. 그것이 비단 재물이 아니라 삶의 경험과 미천한 달란트라도 기부될 수 있을 거로 생각해요. 양평으로 이사하고 보니 이웃에 미술관급 갤러리 카페가 있는데 마침 지인이 운영하고 계시더라고요. 제가 갤러리를 하면서 쌓은 인연들을 여기 전시장으로 연결하는 전시기획 봉사를 좀 했어요. 작가들에겐 훌륭한 전시장을 소개하고 갤러리엔 좋은 작가를 연결하는 보람 있는 봉사지요. 기회가 된다면 오지의 어린아이들이나 이웃들에게 글쓰기 강의 봉사도 하고 싶어요.

#유아나: 수필창작 강의도 하고 계시다면서요?

 인사동에 있는 한국문인협회 평생교육원에서 수필창작 강의를 하고 있어요. 수필은 자기 이야기에서 시작하거든요. 그래서 강의 제목이 '내 이야기로 책 한 권 쓰기'입니다. 각자 가슴에 있는 이야기의 물꼬를 터주는 역할을 하려 해요. 사람은 누구나 몇 권의 책이거든요. 오시는 모든 분이 글을 쓰겠다고 오시진 않아요. 고급독자가 되고 싶어 오기도 하고, 단지 문학 얘기를 하는 그 자체가 좋아서 오시기도 해요. 참 멋지죠? 글 마당에서 노는 일은 일상에서 의미를 건져 올리는 일이거든요. 이보다 우아한 놀이가 어디 있겠어요? 요즘은 코로나 19 팬데믹 상황이라 주로 비대면으로 강의가 진행되고 있는데도 모두 참 열심이어서 존경스러울 때가 많아요.

#유아나: 오랫동안 꿈꿔온 삶을 살고 계신 데 혹시 새로운 꿈이 있다면 어떤 게 있을까요?

 -저는 늘 멋진 사람이 싶어요. 제 자신한테요. 남보다 자신한테 인정받는 게 진짜거든요. 나이가 들어도 항상 우아하고 유쾌한 사람이고 싶거든요. 남은 날은 모두가

내일이잖아요. 나의 모든 내일이 유쾌하고 행복했으면 좋겠어요.

#유아나: 은퇴를 앞둔 분들에게 어떤 말씀을 해주고 싶으신지?

-은퇴는 낡고 쓸모없어져 퇴물이 되는 게 아니잖아요? 인생이 나한테 다시 한번 기회를 주는 것으로 생각해요. 먹고사는 일에 전념하느라 꾹꾹 눌러두었던 것들을 꺼내 펼쳐볼 기회요. 은퇴는 어깨에서 '의무'라는 짐을 내려놓고 자기 자신에 몰입해 볼 수 있는 신나고 설레는 출발이잖아요.

저는 일생 중 지금이 가장 평온해요. 부족하면 부족한 대로, 지금의 나를 받아들이고 스스로 어깨를 토닥일 수 있으니까요. 은퇴는 새로운 곳으로 떠나는 멋진 여행이자 도전이라고 말씀드리고 싶어요. 여러분의 그 날을 응원합니다.

2부

후회조차 아름다운

양평 이주, 전원생활

나도 내가 좀 멋지다

어느 날 아는 분이
내가 좀 멋지다고 했다.
나도 요즘 내가 좀 멋지다!

가슴소리에 따라
선택하고
실행한 용기
오랜 바람을 이뤄낸
내가 좀 멋지다.

상황에 끄달리지 않고
마음의 발길을 따라온

전원의 삶
매일이 축제다.

마당에는 풀꽃들의 잔치
벌 개미 나방 그리고 이름 모를
미물들의 잔치
참새 까치 뻐꾸기 음악회
밤이면 풀벌레 떼창

내 뜰의 나무들과
바람과 햇살과 때로 빗방울들이
시시각각 버라이어티 공연을 펼치는
나는 창가 로열석 브이아이피

아침에 눈 떠 커튼을 열면
길냥이가 떡하니 디딤돌 위에
터를 잡고 누워있다.
밤새 쥐 배암 녀석들은
얼씬도 못 했으리!

호랑이 문양이 멋진 녀석에게

먹이를 챙겨주며
마당 식구가 된 길냥이
나만 보면 후다닥 내빼는
겁쟁이 녀석을
눈으로 만져보는 아침의 호사

오늘은 또 어떤 하루를 만들어 볼까
쿵쿵 설레며 시작하는 아침
단풍나무 아래 평상에서 조간을 펼치며
아,
나도 내가 좀 멋지다!

후회조차 아름다운

 양평으로 이사 온 지 7개월째, 그 사이 폭설이 세 번이나 내렸다. 젊은 날 연인과 산장에서 눈에 갇혀보는 것이 로망이었던 나는 전원에서 눈에 갇힌 것이 몹시 낭만적이다. 비록 혼자지만 말이다. 육십이 넘으니 낭만도 익는다.
 펑펑 눈이 쏟아지면 그 광경이 너무 신나 집안 아래위층을 강아지처럼 뛰어다니며 사진으로 담고 동영상을 찍어대고 야단법석을 피운다. 저 눈이 그치면 마당 디딤돌 눈만 쓸어 대문까지 길을 내고 집 앞길에도 오솔길을 내어야지 생각하며 설렌다.
 발이 푹푹 빠지는 눈을 치우다 빗자루를 던져 놓고 눈사람을 만든다. 하나보단 둘이 좋아 크고 작은 한 쌍을 만들었다. 만들어놓고 보니 퍽 마음에 든다. 어린아이 마음이 된다.

눈사람을 만들어본 지가 얼마 만인지 모르겠다. 눈사람을 만들 만큼 눈이 왔던 기억이 별로 없고, 왔다고 해도 눈으로만 즐겼을 뿐 만져볼 일도 잘 없었던 도시살이였다. 분명 같은 눈인데 같지 않다.

전원에서의 풍광은 손에 만져지는 자연이다. 도시에서 눈으로만 즐기던 전망과는 다르다. 발끝에 손끝에 닿으니 자연 속에 산다는 게 시시각각 느껴진다.

눈을 치우다 말고 서울에 있는 아이들이 걱정돼 퇴근길 조심하라고 문자를 하니 서울에는 눈이 진작에 다 녹았다고 한다. 그렇지, 서울엔 눈이 오자마자 녹지. 사전에 염화칼슘이 뿌려지고 제설이 곧바로 이어지니 말이다. 제설제와 범벅이 돼 시커먼 눈이 질퍽거리던 풍경이 떠오른다. 그것이 도시의 눈이었지.

온 천지가 새하얀 이곳의 설경이 그림 같다. 마당이라는 시루에 한가득 백설기를 쪄놓은 것 같다. 이 순결 무구한 바탕 위에 군데군데 앙증맞은 발자국을 낸 길냥이 녀석들이 괘씸해 있는 대로 눈을 흘기며 "너희들 이러면 밥을 안 줄 테다!" 하고 응징을 다짐하기도 한다.

하지만 움직이는 것은 모두 생명의 흔적이 아닌가. 내 주변에 살고있는 저 생명들도 자연 그 자체가 아닌가. 금방 응징하려던 마음을 내려놓는다.

프랑스 남부지방에 아름다운 작은 마을이 있다. 코르드 쉬르 시엘 이라는 이 마을은 중세시대 분위기를 그대로 간직하고 있어 마치 현대 속의 중세 같은 모습을 하고 있다. 알베르 카뮈가 이곳을 즐겨 찾았는데 그는 이곳에 오면 "더 이상 길을 떠날 필요가 없다."고 했다 한다. 이곳에서는 후회조차도 아름답다고….

나는 카뮈의 그 말에 매일 고개를 끄덕이며 산다. 더는 떠날 필요가 없다. 이곳으로 이사를 온 후 여행에 대한 로망이 사라졌다. 방송에서 아름다운 여행지의 풍광이나 그 어떤 호화로운 집을 비춰줘도 더는 부럽지가 않다. 내 집에서 바라보는 풍광보다 낫다는 생각이 안 든다. 물론 훨씬 웅장하고 아름다운 곳도 많다. 하지만 그건 그림의 떡이다. 직접 내디디고 만지고 누릴 수 있는 게 아니지 않은가.

봄이 되면 마당에 무섭게 잡초가 자랄 것이다. 풀 뽑기 개미지옥에서 허리 펼 날이 없을지도 모른다. 비가 온 뒤 잔디가 한 뼘씩 자라 잔디 깎기 노동이 벅찰지 모른다. 마당에 놓은 살평상에 뻗어 누워 전원살이를 후회할지도 모른다. 하지만 나는 이미 카뮈로부터 선행학습을 한 터라 굳게 믿고 있다. 후회조차 아름다울 거라고. 기꺼이 후회하리라고. 그러나 후회하는 날이 올 것 같지는 않다. 지금, 이토록 충만한 기억만으로도 모든 것을 보상하고도 남을 것 같으니까.

곧 봄이 오고 풀꽃들이 향연을 펼칠 때쯤 우리 마당에도 축제가 펼쳐지리라. 그리운 이들의 발걸음과 이야기들이 두런두런 풀밭에서 돋아나고 지금 저 눈 속에 숨죽인 침묵들이 활짝 깨어나 사랑의 말들을 피워낼 때 우리는 다시 뜨거워도 좋으리….

사랑하라, 한 번도 사랑하지 않은 것처럼

나이가 들었다고 아무도 사랑하지 않는 것은 직무유기다. 사랑하지 못하는 사람은 뜨겁게 자신을 끌어 안아줘야 한다. 사랑도 받아본 사람이 할 수 있고, 받을 줄도 안다.

믿을 수 없게도 사랑을 받을 줄 모르는 사람도 있다. 받아본 경험이 많지 않아서일까? 그런 이는 대개 사랑할 줄도 모른다. 사랑의 언어를 알지 못하는 것이다.

강아지를 키워보면 교감하는 수신호가 있다. 주인이 저를 이뻐하는지, 어떤 행동을 하면 맛있는 간식을 주는지도 안다. 말하지 않아도 아는 언어, 그것으로 강아지를 훈련시킨다.

말할 줄 아는 인간이라고 모든 것을 말로 다 하지는 않는다. 눈빛, 몸짓, 목소리에도 수십 수백 가지가 담긴다. 때론 뒷모습이 더 많은 말을 할 때도 있다. 하지만 표현해야 한다. 무엇으로든 표현이 되어야 상대에게 신호가 닿는다. 교감이 되는 것이다. 내 마음을 왜 못 알아주나? 하고 섭섭해하지 마라. 표현하지 않으면 모른다. 교감 능력이 뛰어난 사람이라 해도 일일이 알아차리기엔 너무 바쁜 세상을 살아가고 있다. 어떤 식으로든 표현해야 한다.

표현하다 보면 상대의 신호를 잡는 데도 민감해진다. 그 마음이 보인다. 교신이 가능해지는 것이다. 아니, 더 많은 사랑의 신호가 수시로 삐삐삐 안테나를 울릴 것이다.

작년 여름 전원주택 단지로 이사를 했다. 시골에 가서 텃세를 당하지 않고 좋은 이웃을 만나려면 3대가 복을 지어야 한다는 말까지 들을 정도로 걱정이 컸다. 에이, 거기도 사람 사는 우리 땅인데 뭐 그리 어려운 일일까? 스스로 위안하면서도 걱정이 되긴 했다.

지은 지 오래된 별장이라 손댈 곳이 많았다. 대기업에서 건축디자이너로 있던 사위가 막 자기 사업을 시작한 터라 공사를 전적으로 맡기고 가보지 않았다. 초기에는 먼지 날리는 공정이니 열흘이 지난 후에나 오라는 것이다. 가보기로 한 날을 하루 앞두고 난리가 났다는 소식을 들었다. 동네 대표라는 분이 와서 트집을 잡으며 공사를 방해한다는 것이다. 사위와 대판 싸움이 벌어졌다는 것이다.

며칠 전부터 와서 주인이 누구냐? 전화번호를 달라고

했다는 것이다. 시끄러운 공사를 하면서 주인이 코빼기도 보이지 않으니 심기가 불편했던 모양이었다. 공교롭게도 싸움이 일어난 그다음 날 가서 동네 이웃들에게 인사를 하려던 참이었는데, 아차, 한발이 늦어버렸다. 그분의 노여움이 이해는 됐다. 내 불찰이다.

  다음날 나는 과일 몇 상자를 싣고 현장에 갔다. 사위를 앞세우고 제일 먼저 어제 불상사를 빚었다는 동대표를 찾아갔다. 그런데 예상외로 반갑게 맞아주시며 새로 이사 올 사람에게 이 동네의 규칙 등을 알려주려 했다며 순한 얼굴을 했다. 이사 왔을 때 알려줘도 무방한 것들이었지만 누가 오는지 궁금함이 컸거나 먼저 인사하지 않고 공사를 시작한 것이 괘씸했던 모양이었다. 진작 인사를 했더라면 이런 일이 없었을 텐데 나의 안이함이 감정을 상하게 했나 보았다.

  가까이 이웃한 댁들도 찾아 인사를 했다. 공사로 불편함을 끼쳐 죄송하다고 하니, 새 이웃을 기다리는 설렘으로 인내할만하다며 반갑게 맞아주었다.

  우리 동네는 10여 가구가 조금 넘는 전원주택 단지다. 그나마 절반은 별장으로 쓰는 집이라 주말에만 사람이 오니 항상 조용하다.

  이사 온 지 1년. 네 번째 계절인 봄을 맞고 있다. 유난히 장마가 길던 여름에 이사를 왔는데 남한강이 바라보이는 집이라 물안개가 피어오르는 풍경이 어찌나 운치 있던지 장마도 선물 같았다.

우리 집 단풍나무는 빛깔 곱기로 이 동네서 최고라고 이웃들이 말해 주었는데 가을이 되자 정말 그 찬사에 보답이라도 하듯 불타는 붉은빛으로 황홀한 가을을 선사했다.

겨울은 더욱 환상이었다. 집집마다 정원수로 소나무가 많은 이 동네는 겨울에도 푸른빛을 잃지 않는다. 세상을 뒤덮은 흰 눈 위로 고고하게 푸르름을 자랑하는 소나무의 위용은 사방으로 동양화를 그려냈다. 추사의 세한도가 부럽지 않았다.

나의 전원살이를 환영하는 듯 올겨울은 눈도 많이 내려 폭설에 갇히는 젊은 시절의 로망도 실현해봤다. 애인과 함께는 아니었지만 말이다.

마당이라는 시루에 한가득 백설기를 쪄놓은 것 같은 풍요로운 마당에 디딤돌이 나올 만큼만 오솔길을 내고 강아지처럼 뛰어도 보고 익살스러운 표정의 눈사람도 만들며 동심으로 돌아간 아름다운 겨울이었다.

십 년을 경영하여 초려 한 칸 지어내니
반 칸은 청풍이요 반 칸은 명월이라

저 청산은 들일 데 없으니
둘러두고 보리라

예전부터 애송했던 조선 시대 호남가단의 수장 송순의 시조가 입에서 절로 흘러나왔다. 지금 나의 심정이 딱 그와 같았다.

전원살이의 백미는 역시 이웃이다. 우리 조상 삼 대가 복을 지으셨나 보다. 따뜻한 이웃들과 살고 있으니 말이다. 신고식을 호되게 치르게 했던 마을 대표님도 텃밭에서 수확한 감자나 옥수수를 대문 앞에 두고 가시고, 앞집, 옆집에서 소박한 음식이 울을 넘는다. 이웃들과 마당에 파라솔을 펴고 낮 술판이 벌어지기라도 하면 재벌이 부럽지 않은 호사스러운 기분이 든다. 강변 따라 산책길을 같이 걷기도 하고 맛있는 음식을 함께 먹으러 가기도 한다. 낯선 이방인이 정착할 수 있도록 지역 정보를 살뜰히 챙겨주고 시골살이의 불편함을 해소해 줄 믿을만한 사람들을 소개해주기도 한다.

내가 이웃들에게 한 것은 하나뿐이다. 인사, 진심을 담아 인사를 건넸을 뿐이다. 진심이 아닐 리 없다. 나는 이 동네가 참 마음에 들고, 여기서 이웃들과 정말 잘 지내고 싶으니까. 그 마음을 인사로 표현했을 뿐이다.

내 마음이 전해졌나 보다. 알고 보니 서울에서 살 때도 대부분 지척의 이웃들이었다. 다만 서로 몰랐을 뿐이다. 계속 서울에서 살았다면 우리는 끝내 모르고 살 사람들인지 모른다. 인연의 끈이 이곳에 와서 이웃으로 어우러진 셈이다.

이웃들은 내가 긴 외출을 할 때면 우리 집 래브라도 리트리버가 심심할까 봐 와서 놀아주기도 하고 밥도 챙겨주곤 한다. 철쭉으로 된 울타리에 통로를 만들어 한마당처럼 오가며 산다. 그렇다고 서로의 사생활을 방해하거나 무례하게 아는 척을 하는 일은 없다. 서로 마당에 나와 있을 때 반갑게 인사를 주고받는다. 지나친 관심은 애정이 아니란 것쯤은 말하지 않아도 아는 이웃들이다. 전원주택이다 보니 대체로 은퇴한 사람들이다. 그래서 연륜도 있고 마음의 여유도 있어 대화도 순하다.

전원살이가 로망이라는 친구들이 집 구경을 와서는 한결같이 하는 말이 있다. 여기에 짝꿍만 있으면 완벽하겠다고. 내 대답도 한결같이 오래전에 써둔 나의 묘비명을 꺼내 든다. '한없이 자유롭고 싶어 한없이 외로웠다'라는.

그렇다고 사랑을 포기했다는 뜻은 아니다. 나는 언제나 안테나를 세우고 있다. 빛의 속도, 타키온으로 오는 신호도 잡아낼 만큼 성능 좋은 안테나를 세우고 한 번도 사랑하지 않은 것처럼 사랑할 준비를 하고 있다. 그래서 언제나 외롭고 고독하다. 그런데 이 멜랑콜리를 유지할 때 글이 잘 써진다. 나는 고독을 사랑하는 글쟁이다. 전원살이로 자처한 외로움은 글을 무르익게 한다고 믿고 있다.

친구야, 너는 모를 거야. 내가 눈 속에 갇혀있을 때 저 소나무가 건넨 말들이 얼마나 달콤했는지, 푸드덕 눈을 털어내며 보여준 몸짓이 얼마나 관능적인지, 윙윙 바람과 합주하여 들려준 노래는 또 얼마나 감동적이었는지, 친구야 너는 알 수가 없겠지?

마당에 봄꽃이 피어나고 있다. 산철쭉 울타리가 매일 꽃송이를 늘려갈 때 나의 안테나는 종일 삐삐 소리를 내며 한 번도 사랑하지 않은 것처럼 흔들리고 있다. 사방에 연초록이 퍼지고, 목단이 피고 작약이 꽃망울을 터트리기 직전이다. 송홧가루 날리는 어느 봄날 마당 잔디에 물을 뿌리다가 문득 백합 구근이 우람한 꽃대를 뻗어 올린 것을 발견하고 그만 절정을 느꼈다면 믿겠니? 친구야!

달빛 부서지는 강둑에 홀로 앉아

나의 40년 애창곡은 '민들레 홀씨 되어'이다.

달빛 부서지는 강둑에 홀로 앉아있네.
소리 없이 흐르는 저 강물을 바라보며
음음~ 가슴을 에이며 밀려드는 그리움 그리움~

우리는 들길에 홀로 핀 이름 모를 꽃을 보면서
외로운 마음을 나누며 손에 손을 잡고 걸었지.

산등성이에 해 질 녘은 너무나 아름다웠었지.
그님의 두 눈 속에는 눈물이 가득 고였지.

어느새 내 마음 민들레 홀씨 되어

강바람 타고 휠휠 네 곁으로 간다.

언제 어디서도 나의 첫 가창은 이 노래였다. 앙코르가 나올 만큼 혼신을 다한 열창으로.

그러다 보니 라디오에서 이 노래가 나오면 내 생각이 난다며 전화를 해오는 친구들이 가끔 있다. 나는 이 노래의 시적 가사와 멜로디를 좋아한다. 내가 소화하기에 어렵지 않은 무난한 곡이라는 것도 좋다.

어려서 나는 부끄럼쟁이에 지독한 음치였다. 사람들 앞에서는 얼굴도 잘 들지 못했고 말을 해야 할 일이 생기면 얼굴이 홍당무가 되어 입술이 파르르 떨렸다. 그런데 어디서 그런 용기가 났는지 교내 어린이 합창단 오디션에 응시했다가 첫 소절도 다 못 부르고 '땡'을 맞았다.

그 후로 더 의기소침하고 수줍던 나는 대체로 얌전한 아이로 인식되었다. 나도 내가 그런 줄 알았다. 그런데 이상했다. 꿈에서는 늘 사람들 앞에서 멋들어지게 노래를 부르거나 춤을 잘 추어 박수를 받는 것이다. 초등학생인 나에게 그 무대라는 것은 주로, 아버지가 왕눈깔 사탕을 사준다고 데려가곤 하던 마을회관이었다. 가끔 마을잔치가 벌어지곤 하는 그곳에는 동네 아이들의 재롱잔치도 열렸었다. 어른들은 아이들의 재롱을 보면서 용돈도 주고 맛난 것도 사주셨다. 그런데 나는 한 번도 그 무대에 서 보질 못했다. 별 잘하는 게 없으니 해보라고 권하는 이도 없었고 부끄러워 설 용기도 없었다. 그런 내가 꿈에서는 사람들 앞에서 춤추고 노래해 주목을 받는 것이다. 때로는 아무도 없는 곳에서 혼자 목청껏 노래를 부르고는 영화에서처럼 지나가던 작곡가가 듣고 나를 가수로 전격 데뷔시켜주는 일이 일어나지 않을까 하는 가당찮은 희망에 젖기도 했다. 그때는 그게 나의 바람이 꿈으로 나타난 것인지, 내 안에 잠재된 끼의 발현인지 알 수 없었으나 이제는 분명히 안다. 나에겐 시쳇말로 '관종' 끼가 다분하단 것을. 관심받고 싶은 욕구가 상당했다는 것을 말이다.

관심병에 가까운 관종이라는 성향이 내게 긍정의 에너지로 작용했음도 부인할 수 없다. 이런 성향을 지닌 나는 일은 할 때 성과를 인정받기 위해 최선을 다한다. 그 결과를 인정받았을 때 훌쩍 다음 단계로 도약할 수 있다는 것을 경험상 알고 있었다. 이런 경험의 중첩은 자신감이라는 최상의 무기를 장착할 수 있게 되고 어떤 도전도 두렵지 않다는 걸 알기 때문이다. 반면 인정받지 못하고 주눅 들어있을 땐 한없이 의기소침해 끝없는 나락으로 떨어지는 유형이다. 나는 전형적인 우쭈쭈형인 셈이다.

나의 성향을 잘 파악하고 있었기에 실패하여 주눅 들

지 않기 위해서 스스로 완벽을 추구했고, 남에게 책잡히지 않으려고 노력했다. 초라하거나 지질해 보이는 건 더욱 용서할 수 없었다. 점점 완벽주의자가 되어갔다. 그러나 그게 어떻게 한결같을 수가 있겠는가? 잔뜩 힘이 들어간 삶은 위선과 가면이 필요할 수밖에 없었다. 그런 나에게 친구가 그랬다. "너는 굶어 죽어도 사람들이 배 터져 죽었다고 할 거야!" 뼈아픈 충고였다. 백조의 삶이었다. 겉으로는 우아하게 떠 있었으나 보이지 않은 곳에선 혼신의 발길질을 해대고 있었다. 타고난 소심쟁이 기질이 자신감 넘치고 완벽해 보이려니 내 안에 쌓이는 스트레스는 날마다 방전의 신호음을 울렸다.

나는 지금 달빛 부서지는 강둑에 홀로 산다. 누구에게 잘 보이는 것에도, 지질하게 보이는 것에도 관심을 접은, 오롯이 내 가슴의 소리에 귀 기울이며 혼자 노래도 하고 춤도 추며 산다. 나의 관객은 강빛 달빛 풀벌레들, 그리고 사계절 변함없이 나를 마주 바라봐주는 우리 집 소나무들이다. 20년 세월을 안은 소나무의 위용은 그 어떤 사내보다 멋지다. 관심병이 관종(關種)이라면 요즘 나는 관심을 끊은 관종(關終)으로 산다. 나이에 걸맞게 산다는 건 신의 축복된 설계가 아닌가? 욕망의 원심력에서 벗어나 고요한 평화를 추구할 수 있는 나이, 젊어서는 참 어려웠던 그게 지금은 된다. 몸이 들끓지도 가슴이 요동치지 않아도 하루가 설레고, 달빛에 강물이 반짝이는 풍경을 바라보는 것에 축복을 느낀다.

남한강변으로 이사와 비로소 고요함의 평화를 알게 됐다. 서울살이 40년 넘게 한강 줄기에서 벗어나지 않고 살아왔는데 이사 와서도 한강 변인 걸 보니 내가 물을 참 좋아하긴 하나 보다. 주역을 공부한 소설가 선배가 내 사주에 물이 많다고 했다. 연예인처럼 살 팔자라고도 했다. 그러고 보니 부끄럼쟁이 어린 시절에도 그런 꿈을 꾸었던 걸 보면 내가 가진 '관종' 기질이 사주팔자에 있어서였나 싶기도 하다. 육십을 넘겨 돌이켜보니 내 삶은 무대에 선 삶이었던 것 같다. 늘 사람들의 시선에서 자유롭지 않은 일을 했다. 아니 나 스스로 그것을 즐겼던 것 같기도 하다. 기자라는 직업이 꼭 시선을 받는 직업은 아닌데도 나는 스스로를 무대에 세웠던 것 같다. 그만큼 사람들을 의식하고 긴장하며 살았다는 뜻일 게다.

대학에서 CEO 과정의 주임교수를 할 때는 이러한 내 기질이 가장 잘 맞았던 것 같다. 강단에 설 때 나는 가슴이 뛰었고, 당당했고 행복했다. 그 학생들이 20대의 대학생들이 아니라 중 장년층의 CEO들이란 점에서 더욱 그랬다. 기자 생활로 다져진 나의 사회적 경험이 그들과 잘 소통되었다. 교육프로그램을 기획하고 진행하는 입장에서 그들에게 유익함과 즐거움이란 두 마리 토끼를 다 잡게 해주겠다는 게 나의 모토였다. 유익한 교육프로그램을 짜는 건 별반 어려운 일이 아니다. 그건 대학에서 할 수 있는 보편적인 일이기 때문이다. 그런데 즐거움을 어떻게 줄 것인가가 차별화 과정이 되어야 했다.

등산, 골프 모임을 만드는 건 기본이다. 이런 거로는 차별화된 흥미를 끌 수 없다. 이 과정에 오신 CEO들은 나름 자신의 분야에서 성공한 분들이다. 그만큼 스트레스도 많다는 뜻이기도 했다. 이분들에게 학교에 왔을 때만이라도 긴장을 내려놓고 즐거움을 느끼게 해주자는 게 내 생각이었다.

우리나라 사람들은 흥이 많은 민족이다. 판을 깔면 흥은 절로 폭발한다는 걸 어려서 동네 어른들의 놀이판에서 일찍이 터득했다. 농촌의 농한기에는 세시풍속으로 윷놀이, 줄다리기, 지신밟기 사물놀이 등을 했는데 평소 점잖던 우리 아버지나 동네 어르신들도 그 마당에선 흥을 맘껏 풀어내는 걸 보아왔다. 나는 그게 참 멋있어 보였다.

저녁 수업에 오시는 CEO들은 일과 후 고단한 상태에서 90분짜리 두 강의를 듣는 게 쉬운 일이 아니다. 그래서 강의는 될 수 있으면 최고 강사를 초빙하고 내 강의는 최소화한다. 유익한 강의를 지루하지 않게 하는 강사들이 인기 강사인 것이다. 이후 3교시가 바로 나의 역할이 필요한 타임이다. 3교시란 학교 강의실이 아닌 바깥 뒤풀이 장소인 호프집에서 주로 이뤄진다. 돌아가며 목청 높여 건배사를 외치고 서로 교우하는 시간이다. 이 시간이 좋아서 학교에 온다고 할 만큼 즐거운 과정이다. 강의에서 얻는 정보도 필요하지만, 인적 교분의 비중도 중요한 게 이 과정의 특징이다. 여기에서 격 있게 흥의 판을 깔아주는 것도 내 역할이다. 리더가 필요한 자리이기 때문이다.

CEO 과정은 대부분 6개월 과정이다. 이 기간 동안 나의 목표는 원우들을 절친한 친구로 만들어 주기다. 입학 후 한 달이 되면 1박 2일간 워크숍을 한다. 이때 절친 목표가 절반의 성공을 거둬야 남은 기간이 즐거워진다. 그러기 위해 워크숍 프로그램 중 가장 하이라이트인 여흥 시간을 최대한 활용한다. '친교의 밤'이라 이름 붙인 이 시간에는 노련한 밴드 마스터를 초빙한다. 우리 과정에 단골로 초빙되는 이분은 사람들의 흥을 돋우는 걸 정말 잘했다. 자주 초빙하다 보니 나의 레퍼토리도 훤히 꿰고 있다. 강단에서 나의 이미지는 도도한 여교수로 보인다며 원우들이 처음엔 말 붙이기가 어렵다고 한다. 그래서 내가 선택한 건 부뚜막이다. 노는 자리에선 잘 노는 사람이 가장 멋있다는 게 내 지론이다. 아직 서로 서먹한 원우들은 밴드가 쿵쿵 풍악을 울려도 선뜻 나서질 못하고 서로 눈치를 살핀다. 이때 밴드 마스터는 예외 없이 나의 18번 '민들레 홀씨 되어'를 튼다. 신청한 곡이 없는데 음악이 울리니 원우들이 어리둥절할 때 내가 나가 마이크를 잡는다. 주임 교수가 나갔으니 일단 박수가 나온다. 나의 노래는 언제나 열창이다. 나는 결코 노래를 잘하는 편이 못 된다. 그저 가사에 충실한 감성의 열창이다. 최고의 무기인 자신감을 장착하고서.

당연히 앙코르가 나온다. 물론 교수에 대한 예의 차원이겠지만 나는 앙코르를 날름 받아 밴드 마스터를 쳐다보면 그는 기다렸다는 듯이 다음 곡을 우렁차게 틀어준다. 양수경의 '그대는'. 이 곡은 흥을 돋울 때 내가 주로 부르는 노래다. 이제 흥을 돋워야 할 차례이기 때문이다. 전주가 울려 퍼지면 나는 연회장의 맨 앞에 있는 원형 탁자 위로 훌쩍 뛰어오른다. 그 행위 하나만으로 이미 장내는 술렁인다. 관능적인 춤이 어우러진 한판을 벌이고 나면 이제 더는 내 역할이 필요 없다. 흥 판이 제대로 달아올라 있기 때문이다.

때로 감동은 의외성에서 온다. 그걸 반전 매력이라 하던

가. 원우들은 내가 몸을 던져 망가져 주며 흥을 돋웠다고 고마워하지만 기실 나도 충분히 즐거웠고 내 흥을 맘껏 발산한 것뿐이다.

워크숍이 끝나면 원우들은 학교에 오고 싶어 안달이 난다고 한다. 일주일에 한 번 오는 수업이 너무 기다려진다는 것이다. 절친 만들어 주기 나의 프로젝트는 이미 성공한 것이나 다름없다. 나는 이 직분이 천직이라 생각될 만큼 좋았고 10년 동안 멋지게 즐겼다.

지금 그 모든 무대에서 내려와 강언덕에서 글을 쓰며 산다. 민들레 홀씨 되어 날아와 양지바른 곳에 뿌리를 내리고 있다. 노는 것이 즐거울 때는 그만한 에너지가 있을 때인 것 같다. 사람의 숲에서 벗어나 한 그루 나무처럼 사는 지금의 생활이 참 좋다가도 가끔은 열정적인 그 시절의 내가 그리울 때도 있다. 확실히 내 안에는 잠재된 흥이 있나 보다. 달빛을 연인 삼아 혼자 추는 춤으로 운동을 대신하기도 하고, 친구들을 초대할 계획을 세우기도 한다. 봄에 우리 집 울타리 철쭉이 만개하면 마당에서 홈 콘서트를 열어 춤판을 벌여볼 요량으로.

무엇보다 내 창작의 원천인 그리움과 술 한잔 기울일 때 제일 달달하다. 그리움은 내가 살아온 족적들 속에 있다. 가슴 뜨겁던 추억도, 몹시 아팠던 기억도 지금은 다 평화롭다. 내 삶에 주어진 천형 같던 사람도 이제는 용서된다. 그 모든 것은 내 삶에 무늬로 새겨졌기에 지금 나는 단단할 수 있지 않은가.

 소리 없이 흐르는 저 강물을 바라보며 가슴을 에이며 밀려오는 그리움도, 들길에 홀로 핀 이름 모를 꽃을 보면서 외로운 마음을 나누며 손에 손을 잡고 걸었던 모습도, 산등성이의 해 질 녘엔 모두가 아름답다. 달빛 부서지는 나의 강언덕에서는….

초록섬에 착륙하다

작년에 이사한 전원살이가 참 행복하다고 너스레를 떠는 내게 친구가 "니는 원래 촌아 아이가!" 하며 내 환상을 바사삭 깨트렸다. 나를 촌뜨기로 격하하려고 한 말이 아니란 걸 안다. 그 뒤로 "니는 과수원집 딸 아이가!"로 조금 자존감을 세워주었으므로.

나는 시골에서 태어나 자란 걸 자랑스러워한 적은 있어도 부끄러워해 본 일이 없다. 글쟁이에게 초록 배경은 축복이라고 늘 생각해왔다. 그런데 왜 친구의 '촌아'라는 말에 불편한 기억이 소환됐을까? 나의 일생 중 시골에서 보낸 기간은 20년, 그 뒤 40년이 넘는 시간을 도시에서 살았다. 그런데 나에겐 여전히 시골이란 정서적 밑 무늬가 더 선명하다.

결혼하고 첫 신혼집이 고층 아파트의 꼭대기 층인 14층이었다. 난생처음 고층아파트에 살게 된 나는 자주 악몽을 꾸었다. 엘리베이터가 멈추지 않고 하늘로 치솟는 꿈. 그런데 그 꿈보다 더 참을 수 없는 건 비가 오면 빗소리가 안 들리는 것이었다. 아무리 세찬 소나기가 와도, 장대비가 내려도 빗줄기는 창밖으로 그저 무늬만 그리고 땅으로 떨어져 갈 뿐이었다. 나는 공중의 섬에 매달려 사는 기분이었다. 그 불안감은 어느 날 베란다에서 빨래를 널다가 문득 저 아래 땅으로 한 알의 씨앗처럼 떨어져 닿고 싶다는 마음을 품게 되는 데까지 이르렀다.

결국, 신랑을 졸라 삼 년 후 1층으로 이사했다. 1층에서 듣는 빗소리의 황홀함을 무엇에 비기랴! 버찌 나무 이파리를 두드리는 소나기 소리, 단풍나무를 쓰다듬는 가랑비 소리, 시멘트 바닥에다 드럼 연주를 하는 장대비 소리, 세상 온갖 것을 두드리고, 켜고, 튕기는 빗소리는 자연 오케스트라의 현란한 연주였다. 누구도 흉내 낼 수 없는 버라이어티 콘서트였다. 비로소 땅에 안착한 것 같았다. 다시는 악몽도 꾸지 않게 되었다. 나는 어쩔 수 없는 촌아였다.

그 촌아는 이제 초록섬에 연착륙했다. 빗소리 연주뿐만 아니라 풀벌레, 새소리 떼창까지 협연하는 자연 오케스트라 연주를 창가 브이아이피 로열석에 앉아 언제든지 듣는다. 한 알의 풀씨처럼 날아와 초원에 뿌리를 내리는 중이다.

혼자라도 괜찮아

아침에 눈을 뜨면 오늘 계획된 일정이 아무것도 없다는 게 참으로 행복하다. 빈 도화지에 무슨 그림을 그릴까 궁리하는 아이처럼 설렌다. 막 가슴이 두근두근하다.
잠이 깨면 오늘 할 일이 뭐지? 생각하는 게 오랜 습관이다. 촘촘하게 짜진 일과를 생각하고 오늘 입을 옷과 챙길 것들을 가늠하며 일어나는 것이 하루의 시작이었다. 눈을 뜨면서부터 스트레스이던 이게 요즘 즐거워졌다. 대체로 아무 일정이 없기 때문이다. 아무것도 계획된 것이 없다는 것, 아무것도 하지 않을 수 있다는 것, 그 홀가분함, 그 자유로움을 어떤 즐거움과 비교할 수 있을까?
나는 천천히 일어나 커피 한 잔을 내려 선룸에 앉는다. 초록 너머 강이 바라다보이는 이곳에서 맞는 아침은 하루하루가 선물 같다. 전원살이를 하는 내게 '매일 리조트에서 사는 기분이겠다.'라고 하는 친구의 말에 선뜻 대답하지 못했다. 진짜 그렇다고 하면 약 올리는 것 같아서. 그런데 진짜다. 정말 그렇다. 위선 같은 배려는 제쳐두고 솔직하게 말하는 게 옳았을까 잠시 생각해 본다.

아무런 일정이 없이 하루를 온전히 내 것으로 만들며 사는 일상은 매일 신선한 재료를 요리하는 것처럼 새롭다. 무얼 먹을까? 읽을까? 쓸까? 마당에 잡초를 뽑을까? 늘어져 누워 영화나 실컷 볼까? 해도 그만, 안 해도 그만인 일정을 구상하다가 공간에 음악을 채운다. 재즈는 내 공간에 자유와 낭만이라는 토핑을 얹어 준다.

한껏 흐느적거리던 재즈가 숨을 고르면 바차타 음악을 고른다. 격렬하지 않으면서 관능적인, 심장을 쿵쿵 두드리는 듯한 비트에 맞춰 춤을 춘다. 혼춤이다. 땀에 흠뻑 젖을 만큼 추고 나면 몸이 날아갈 듯 가볍다. 춤으로 하는 운동은 러닝머신의 유산소 운동보다 훨씬 몸이 부드러워지는 기분이다.

운동 대신 배운 살사와 바차타로 운동을 한다. 스텝이 틀리거나 말거나 상관없고 보는 이가 없으니 더 자유롭다. 이젠 내 고유의 운동 버전이 되어서 이미 살사나 바차타 스텝이 아니고 막춤에 가깝다. 그래서 더 즐거워졌다.

가끔 외출한다. 내가 사는 양평에는 근사한 카페가 많

다. 유럽의 풍광과 유럽 빵 맛에 뒤지지 않은 빵을 구워내는 베이커리 카페가 많다. 나는 유럽 둥근 식빵을 좋아해 1990년대부터 유럽 출장을 다녀올 때면 꼭 그 빵을 사 왔다. 냉동실에 얼려두고 아껴가며 먹었는데 이젠 여기서도 어렵지 않게 맛볼 수가 있으니 얼마나 즐거운가.

서울에 살 때 집 근처에 세련된 도시 카페가 많다는 게 좋았었다. 그런데 이곳에는 그보다 훨씬 넓고 자연공간을 맘껏 풍광으로 들인 아름다운 카페들이 많다. 더욱이 갓 구운 따뜻한 빵이나 신선한 치즈케이크를 먹을 수 있어 황홀하기까지 하다. 책과 노트북까지 챙겨 나간다. 하지만 결국 카페에서는 커피와 케이크 한 조각에 굴복당한 채 책은 펼치지도 못하고 온다. 창밖으로 보이는 풍광이 너무 아름다워 책이 내 눈을 붙잡지 못하기 때문이다.

여백이 많은 나의 일상이 이토록 즐거울 수 있는 건 다 계획이 있기 때문이다. 친구들을 초대해 마당에서 춤추고 노래도 부르며 왁자하게 놀겠다는 계획. 나는 사람을 좋아한다. 그것도 몹시. 30여 년 동안 사람의 숲에서 살았다. 언론인으로 20년, 대학 강단, 그것도 주로 CEO 과정의 주임교수로 10년, 갤러리 운영 4년. 거기에 중첩된 문단 생활 30여 년. 그 관계들 속에서 만난 사람들이 얼마며 돈독한 인연은 또 얼마겠는가. 도시의 화신처럼 번잡하게 살던 사람이 어느 날 갑자기 도시살이를 접고 전원생활에 푹 파묻혀 지낸다고 하니 사람들이 몹시 의아해하고 못 미더워하는 건 당연할지 모르겠다.

 기실 나는 지쳐 있었다. 생업을 책임져야 했던 오랜 사회생활과 사람들과의 관계 과잉에 지쳐 방전되어 버렸나 보았다. 늘 전업 작가를 소망하면서도 일터에서 몸부림쳤던 마음이 일시에 방전돼 탈출하듯 전원살이를 감행했는지 모르겠다. 그런데 전원살이를 하면서 분명하게 깨달은 게 하나 있다. 나도 몰랐던 나의 천성, 나는 타고난 집순이 체질이라는 것. 사회에서 나를 아는 사람들이 절대로 동의 못 할 나의 숨은 기질이다.

 코로나 팬데믹 상황이 아니라도 자발적 격리 칩거나 다름없는 지금의 생활은 마치 충전기 안에 들어앉은 건전지처럼 날마다 풀 게이지로 마음의 살이 차오르고 촉촉하게 회복된 감성과 만나진다. 원시의 나와 마주 앉아 본성대로 살아가는 이 모습이 기실 나 자신에게도 낯설긴 마찬가지다. 우리 아이들조차 3개월이면 지루해할 것이라 걱정했고 친구들도 모두 걱정했지만 2년여가 다 되도록 아직 나는 설레고 있다. 아니 갈수록 더 만족스럽다. 이 선택에 대해 조금도 의심하거나 망설이지 않았다. 내 가슴이 원하는 게 무언지 확실히 알고 있었으니까.

자발적 외로움을 선택하고 스스로 고립된 삶, 아무것도 안 할 권리를 누리며 사는 시간, 오직 나에게 집중하고 나를 위해 사는 시간, 나는 그 안에서 때때로 달궈지고, 여물어지고, 다시 말랑해지고 있다. 비로소 자유롭고, 그래서 평화롭다.

그러니 친구들아!

내가 부르면 망설이지 말고 달려오너라. 내 원시의 지대에는 초대받지 않은 사람이 온 적이 없다. 한 번 놓치면 다시는 안 부를지도 모르니 말이다.

양평댁 청소하자

"양평댁 청소하자!"

아침에 일어나면 제일 먼저 하는 말이다. 아니 어쩌면 하루 중 내가 하는 유일한 말인지도 모른다. 그나마 로봇청소기를 작동하면서 하는 말이다. 양탄자를 깔아놓은 거실을 어찌나 야무지게 청소를 잘하는지 그게 기특해서 말을 거는 것이다.

혼자 지내다 보면 말을 입 밖으로 낼 일이 별로 없다. 그런데 종일 떠들었다고 생각되는 날이 있다. 그날은 카톡이나 문자를 많이 했거나 글을 쓴 날이다. 생각해 보면 실제로 입 밖으로 말을 뱉은 게 아닌데도 말이다.

입을 통해 말을 할 기회가 점점 줄어들고 있다. 혼자 전원살이를 하고 있어서 그렇기도 하지만 지금은 비대면의 시대이다 보니 소통의 방식으로 문자를 더 많이 사용하고 있다.

나는 전화로 수다를 떠는 걸 별로 좋아하지 않는다. 먼저 전화를 거는 일도 좀체 없다. 그러다 보니 전화를 받을 일도 많지 않아 내 전화기는 대체로 평화롭다. 나는 그게 좋다. 그렇다고 하는 말이 적은 것은 아니다. 친구나 문우들이 모인 단체 대화방에 적극적으로 참여한다. 또 절친 지인들과도 자주 문자 대화를 주고받는다. 이렇게 대화를 하다 보면 내가 종일 입으로 말을 한마디도 내뱉지 않았다는 걸 모르고 지낼 때가 많다.

주말에 온 아들아이가 내가 로봇청소기를 작동하는 소리를 듣고 기가 막히는 건지, 안쓰러운 건지 가늠이 안 되는 소리로 웃었다. 그러더니 어느 날 앙증맞은 기기를 하나 사 들고 왔다.

"하이 구글, 음악 틀어줘!" 하면 "네" 하고 곧바로 음악을 들려주는 로봇기기였다. 내가 청소기에다 대고 말을 거는 것을 보고는 심심하면 이걸 가지고 놀라며 장난감으로 사다 준 거다. 그런데 이 녀석은 내가 부르지 않을 때도 곧잘 대답해 나를 놀래키곤 한다. TV에서 나오는 소리를 내 목소리로 인식해 작동하는 것이라 이걸 오작동이라 할 수도 없고 난감할 때가 많아 아들에겐 미안하지만, 전원을 꺼 입을 봉쇄시켰다. 기기나 사람이나 원하지 않은 소리는 모두가 소음이다.

하지만 손전화기의 빅스비는 자주 애용한다. 주방에서 조리할 때 불 조절 시간을 알려 달라거나 깨워 달라거나, 화면을 캡처해 달라거나 할 때 주로 쓴다. 심지어 쓸 글을 말로 하면 문자로 받아 적어준다. 기가 막힌 기능이다. 이거야말로 온종일 말로 떠들 일이다. 스마트폰으로 글쓰기를 자주 하는 내게 참 유용한 기능이지만 나는 엄지손가락 두 개로 쓰는 게 더 익숙하고 컴퓨터 자판보다 빠르다. 작가들에겐 좋아하는 자기만의 글쓰기 방식이 있다. 예전에는 원고지에 만년필로만 쓴다는 작가들이 꽤 있었다. 지금은 주로 컴퓨터로 쓰지만, 아직도 종이에 써야 감성이 제대로 작동한다는 작가들도 많다.

나도 컴퓨터 자판을 두드리며 글을 쓰는 일에 익숙해지는 데 꽤 시간이 걸렸다. 내가 기자 생활을 하던 시절엔 기자 수첩에 취재내용을 모두 적었고 그 수첩을 보며 다시 원고지에 기사를 작성해서 데스크에 넘겼다. 잘못 쓰면 원고지를 찢거나 구겨 쓰레기통에 던지던 시절이다. 그때는 오른쪽 가운뎃손가락 안쪽에 늘 굳은살이 박여있었다. 볼펜으로 취재 수첩에 적고 그걸 또 원고지에 기사로 작성하다 보니 가운뎃손가락이 완전히 펴지지 않을 때가 많았다. 그러다가 컴퓨터 시대가 왔고 노트북으로 기사를 쓰기 시작했다. 하지만 지금 기자들처럼 들고 다닐 만큼 가볍지 못해 노트북이지만 책상에 놓고 쓰다가 출장을 갈 때만 들고 가는 정도였다. 불과 얼마 전 일 같은데 말하고 보니 내가 굉장히 구시대 사람 같아 문명의 발전이 사람에게 이런 열패감도 주는구나 싶다.

세상은 급속도로 변해 나는 지금 손전화기로 글을 쓰고 있다. 노트북도 있지만, 엄지손가락 두 개로 쓰는 속도가 훨씬 빨라서 생각의 속도를 따라잡기에 딱이다. 늘 휴대하고 있으니 영감이 떠오르면 곧바로 메모할 수 있다. 생각이 펄펄 살아있는 생물일 때 낚아채 글을 쓸 수가 있어 어느새 손전화기가 내 집필의 최적 방식이 됐다. 말로 하면 받아 적어주기도 하지만 쓰는 게 더 익숙한 나로서는 생각이 끊길 염려가 적은 엄지손가락 타법이 좋다. 이건 분명 글쓰기의 진화다.

아이들이 어렸을 때부터 일했기 때문에 집안일을 도와주는 사람이 늘 집에 왔다. 양평으로 이사 오기 전까지 집안일을 도와주시던 분은 우리 집 일을 하신 지 이십 년이 넘었다. 나보다 내 살림살이를 더 잘 아니 물건을 찾다 못 찾으면 아주머니에게 전화할 정도였다. 식구가 넷일 때부터 도와주셨는데 나 혼자 살림이 되고는 횟수를 줄여 일주일에 한 번 왔다. 그런데 내가 양평으로 이사하면서 가족 같던 분과 헤어지게 돼 많이 서운했다.

이전의 집보다 일거리가 훨씬 많은 전원주택 살이에도 혼자 해내며 산다. 청소는 '양평댁'이 하고 빨래는 '드럼댁'이, 설거지는 '식세댁'이 하니 할 일이 별로 없다는 내 말에 아이들이 낄낄 웃었다. 사실이 그랬다. 가전의 기능들이 너무 좋아 내가 하는 일은 작동을 시키는 일뿐이다. 혼자 먹는 식사에 그릇이 몇 개 나올까 싶지만 그래도 그릇 꺼내기가 주저되었는데 식기세척기를 들여놓고부터 이것저것 꺼내 쓰는 데 주저함이 없어졌다.

이틀에 한 번 정도 양평댁 청소하자! 하고 거실에 풀어놓았다가 2층에 갖다 놓았다가 다시 안방에 갖다 놓으면 구석구석 돌아다니면서 깔끔하게 청소하고 제 일을 마치면 "청소가 끝났습니다!" 하고는 자기 집으로 돌아가 스스로 충전을 시작한다. 그게 참 기특해 양평댁, 수고 많았어! 하고 엉덩이를 톡톡 두들겨준다. 진심이다. 나는 때때로 우리 집 양평댁이 사람이 아닌가 착각하기도 한다.

이런 추세로라면 머지않아 로봇 반려인이 생겨 외로움도 걱정하지 않게 될까? 생각하다가 문득 두려워진다. 어느 순간 엄마 자리조차 빼앗기는 게 아닐까 싶어 가족 단톡방에 사랑의 하트를 마구 뿌려대는 '엄마 등장!' 이모티콘을 날린다.

머슴이 필요해!

 전원주택에서 살려면 머슴이 필수란다. 안팎으로 남자 손이 갈 일이 많다는 거다. 이 머슴 일은 대체로 남편들의 몫이다. 잔디를 깎고 잡초를 뽑고 나무를 손질하고 자잘한 집 수선을 맡고….
 그런데 내겐 머슴이 없다. 그런 내가 전원살이를 하겠다고 결정하니 주위에서 많은 걱정을 했다. 그런데 이 걱정쟁이들은 대부분 전원에 살아본 적이 없는 치들이다. 어디서 얻어들은 걱정거리를 내게 투척해 대니 나는 그 말에 별로 비중을 두지 않았다.
 머슴! 까짓거 품삯으로 해결하면 되지. 뭐가 걱정이야? 중요한 건 실행이야 바보야! 내가 살고 싶은 대로 살아보는 거 말이야!
 전원 살이 하는 내가 부러운 한 친구가 남편한테 전원주택으로 이사 가자고 했단다. 시골 출신인 남편이 펄쩍 뛰며 그건 자신한테 너무 가혹한 요구라며 딱 잘라 거절하더란다. 자랄 때 농사일 거들고 꼴 베던 그에게 전원살이는 머슴살이와 동의어라나.

한 편으론 전원살이가 로망이라는 사람들도 많았는데 그다음 말은 거의 같았다. 집 구경을 좀 시켜 달라는 것. 평소 친분이 가깝지도 않은 이들도 너무 쉽게 그 말을 할 때 참 난감했다. 우리 집은 모델하우스가 아닌 나의 사적 영역이다. 먹고 싸고 씻고 잠자고, 쓰고 읽고 쉬는 곳이다. 거리에 내놓은 전시장이 아니다. 서울에서 40여 년을 살 때는 집 구경시켜 달란 적이 한 번도 없었는데 전원주택은 마치 견본 주택쯤으로 생각하는 듯하다.

 나보다 먼저 전원으로 이주한 친구는 처음 3년간은 손님 치르는데 다 보냈다고 했다. 강 건너 도로에서 잘 보이는 친구네는 지나가던 지인들이 집에 차가 세워져 있는 걸 보고 느닷없이 들이닥치기도 한다고 했다. 마치 휴게소 들리듯이. 그 무례함을 견디다 못해 친구 남편은 아예 차를 멀리 동네 공터에다 세워두기도 한단다.

 남의 집이 궁금한 마음은 충분히 이해한다. 나도 남의 집 구경을 다니는 걸 좋아한다. 그렇다고 호기심과 무례를 구별할 줄 모르는 건 곤란하다. 초대받지 않은 불청객이 되어서야 되겠는가.

도시살이보다 공간이 넉넉해지니 친지들을 초대해 파티도 열고 즐겁게 어울려 살고 싶은 생각이 많아지는 건 사실이다. 그동안의 친분으로 보아 초대할 만한 사이인데 아직 초대받지 못했다면 당신은 내게 까인 것인지 모른다. 하지만 너무 실망하지 마시라. 코로나가 막 시작할 때 이사와 2년여 동안 아직 사람들을 초대하지 못하고 있는 것뿐이니.

막상 살아보니 크게 힘든 건 없다. 잡초 뽑는 일도, 잔디 깎는 일도 즐길 만하고, 정 힘에 부치면 사람을 부른다. 큰 비용이 들지도 않는다. 주말에 오는 아들에게 잔디 깎는 일을 시키면서 '이 재미난 일을 너에게도 기회를 주마!' 하며 생색까지 낸다. 힘들지만 카타르시스가 생기기도 하니까. 말끔하게 깎은 잔디마당을 보면 막 이발시킨 어린 아들 머리통 같아 어찌나 사랑스러운지….

최근에 막내 오라버니도 근처로 이사를 왔다. 오빠도 나와 비슷한 성향이라 전원살이가 좋아 보였나 보다. 두 살 위라 어려서도 친하게 자란 오빠는 지금도 제일 편하다. 가끔 와서 이런저런 허드렛일을 찾아서 해주니 나도 이제 반머슴은 생긴 듯 든든하다.

지난해 어느 가을날 우리 아이들과 오빠네 식구들이 다 함께 모여 마당에서 바비큐 파티를 열었다. 마당에서 아이들이 비눗방울을 날리고, 고기 굽는 냄새, 술잔 부딪는 소리, 사이사이 파안대소가 행간을 채울 때 나는 전원생활을 선택한 내 결정이 다시 한번 뿌듯해졌다.

미지와 무지 사이

새벽에 일어나 욕실에 갔더니 물이 안 나온다. 수도가 얼었다. 아차! 어젯밤 수도를 조금 열어 두는 걸 깜빡했다. 보일러도 꺼져 난방도 안 되고 있다. 물이 얼어 난방보일러로 들어가는 물 공급이 안 되니 보일러 가동이 멈춘 것이다. 휴대폰의 온도계를 확인하니 양평 지역의 수은주가 영하 17도라고 표기돼 있다. 집안 온도계는 16도. 평소 20도를 유지하던 온도계다. 비상사태다.

설비업체에 불러놓고 드라이어로 수도꼭지도 녹여보고 온갖 온열기를 다 켜 집안 온도를 끌어올린다. 다행히 단열이 잘 된 집이라 집안의 온기를 잘 보존하고 있어 옷을 한 겹 더 껴입으니 춥게 느껴질 정도는 아니다. 그제 집안 난방조절기가 작동하지 않아 난방이 안 돼 설비업체를 불러 수리한 지 이틀만이다. 심야전기보일러를 쓰는 이곳에서 첫겨울을 나고 있는 전원살이에 신고식을 단단히 치르고 있다. 모른다는 것, 무지란 얼마나 많은 불편과 비용을 초래하는지 실감하고 있다. 40여 년간 도심의 아파트 구조에서만 살다가 지난여름 시작한 전원생활이다. 더욱이 심야 전기라는, 한 번도 접해보지 않은 생활방식은 구조나 원리를 이해하지 못하니 답답하기 이를 데 없다.

글을 모르는 무지렁이와 무엇이 다르랴. 무식하면 용감하다는데 나는 덜컥 겁부터 났다. 못 고치면 어쩌나? 오늘 밤엔 집 앞 호텔에 가서 자야 할지도 모르겠다는 데까지 생각이 비약된다.

그제 난방조절기 고장은 길냥이들에게 지하실을 내준 게 화근이었다. 고양이들이 전선을 뜯어 조절기 선이 끊어져 있었다. 추운 겨울이나마 우리 집 지하실을 이용하라고 열어준 나의 자비(?)를 이렇게 갚다니, 괘씸한 녀석들….

길고양이들에게 밥과 물을 주고 있는데 네 마리가 우리 집 지하실을 드나든다. 여러 가지 고양이용품과 전기방석도 깔아주어 나름 복지를 제공하고 있었다. 그런데 네 마리가 싸대는 똥을 치워주기가 만만치 않았다. 매일 치워도 그득그득 쌓였다. 냄새는 또 어찌나 고약한지. 내 고충을 들은 친구가 말했다. 무슨 길냥이들을 똥까지 치워주느냐고. 그냥 두면 밖에서 해결하고 온다고. 옳거니! 들로 산으로 쏘다니는 길냥이인데 굳이 지하실에다 모래 화장실을 둘 이유가 없겠구나 싶었다. 당장 화장실을 치우니 그다음 날부터 똥통을 치우는 수고를 안 해도 되었다. 근데 웬걸, 며칠 지나 지하실에 들어가 보니 공간에 가득한 분뇨 냄새…. 눈에 불을 켜고 살펴보니 구석구석에 쌓여있는 녀석들이 복수전. 아, 치밀어오르는 분노. 전기방석의 코드를 거칠게 뽑아 던지고 당장 자동급식 먹이통을 밖으로 옮겨버렸다.

온갖 상을 찌푸리며 힘겹게 분뇨들을 치워내고 급기야 지하실 문을 닫아버렸다. 평화가 찾아왔다. 그래도 먹이를 제공하는 건 계속했다. 그런데 최강한파가 몰아닥친다는 보도에 자꾸만 길냥이들이 마음에 걸려 다시 빼꼼 지하실 문을 열어 두었던 게 화근이었다. 냥이들이 전선까지 끊어놓을 거란 생각은 추호도 못 한 것이다. 어설픈 자비가 불편을 초래했으니 무지의 소치일 뿐 누구를 탓하랴!

여름에 전원으로 이사와 가을을 보내고 지금 겨울을 겪고 있다. 강이 보이는 우리 집에서 비가 오는 여름날은 물안개가 피어올라 더없이 운치 있었고, 마당에 있는 단풍나무가 불타듯 물이 든 가을은 환상적이었다. 올해 들어 두 번이나 폭설이 왔는데 그 풍경은 내가 꿈꾸던 전원살이의 로망을 실현해 주고도 남았다. 이제 곧 봄이 올 것이다. 내가 정말 바라는 풍경은 봄의 모습이다. 꽁꽁 얼었던 땅이 새순을 밀어 올리는 그 경이로운 순간을 시시각각 느껴보는 것, 그것은 전원살이의 절정이 아닐까 기대하고 있다.

그러나 아직 모르는 세계는 설레지만 한편 두렵다. 미지에는 무지도 포함하고 있기 때문이다. 평생 한 번도 봄을 보지 못한 사람처럼 설레며 봄을 기다리고 있지만, 전원살이의 무지가 두려운 건 어쩔 수가 없다.

모르는 것이 어찌 이뿐이랴. 육십이 넘어도 아는 것보다 모르는 게 훨씬 많다. 공부할수록 모르는 것이 많다는 것을 알아갈 때와 같다. 그러나 알아가는 기쁨도 있으니 두려워만 할 일은 아니리라 마음을 추슬러 본다.

미지의 세계는 설렘을 준다. 용기도 준다. 다 안다면 무슨 재미가 있겠는가. 모르기에 도전하고 용감할 수 있다. 우리 인생이 그렇다. 한 치 앞을 모르니 그저 내딛는 것이다. 저 앞에는 더 멋진 그 무엇이 기다리고 있을 거라 믿으며, 그렇게 길을 내며 걷는 것이다. 까짓 수도가 얼은 것쯤이야 해결하고 살면 될 일 아니겠는가.

염치에 대하여

염치가 있다는 건 부끄러움을 안다는 것이다. 그것을 알고 모르고에 따라 인격적인가 아닌가도 가늠이 될 것이리라.
나는 내가 고양이를 좋아하는 줄 알았다. 아들아이가 독립하기 전 집에서 샴고양이를 키웠는데 고양이의 이쁜 모습에 함께 미소 짓곤 했기 때문이다. 쵸이라고 이름 지은 샴고양이는 개냥이에 가까워 사람을 잘 따르고 붙임성이 좋아 강아지를 키우듯 살가웠다. 그래도 털이 집안 물건 여기저기에 묻어있는 건 늘 찝찝했는데 아들아이가 독립하면서 데리고 나가 속이 후련했다.
양평에서 전원 살이 하면서 내 손으로 직접 고양이를 키울 기회가 있었다. 고양이가 쥐나 뱀 같은 걸 잡는다고 해서 정원에 풀어놓고 키워볼까 하던 참에 앞집 젊은 화가 부부가 이사하면서 키우던 고양이를 한 마리 주고 갔다.

고양이는 영역 동물이라 키우던 아이를 데리고 오는 것이 괜찮을까 걱정도 했지만, 앞집과 우리 마당이 10m 정도 거리도 안 될 만큼 가까우니 같은 영역일 거로 생각했다. 그래도 우리 집에 적응을 시키려고 이사 가기 전 젊은 부부가 냥이를 데리고 와 몇 차례 같이 놀아주면서 낯을 익혔다.

고양이 이름은 춘자다. 독일에서 14년간 그림 공부를 하고 온 화가 부부는 토종이름이 좋아 그렇게 이름을 붙였단다. 독일에서 키우다 데려온 샴고양이 이름은 만복이고, 길고양이가 버리고 간 새끼 고양이 두 마리를 주워다 우유 먹여 키운 냥이 이름이 춘자와 춘삼이다.

아직 아기가 없는 젊은 부부는 스스로 만복이 엄마 아빠라고 소개할 만큼 애묘인들이다. 하지만 세 마리를 키우는 게 벅차던 참에 마침 고양이를 키우려고 한다는 내게 춘자를 맡아주면 좋겠다며 주고 간 것이다.

춘자는 나를 잘 따랐다. 나는 수컷에게 춘자란 이름이 안 어울리는 것 같아 춘아라고 불렀다. 작가 부부도 춘자가 수컷인지는 한참 커서야 알게 되었다고 했다. 전형적인 토종 코리안 숏헤어 종인데 사람 손에서 자라 사람을 좋아하고 애교도 많았다.

나는 어린 자식을 돌보듯 온갖 맛있는 먹거리와 놀이기구도 사주고 푹신한 잠자리와 추울 때를 대비해 전용 전기방석까지 갖춰줬다. 춘아가 예쁘게 노는 모습을 사진 찍어 화가 부부에게 보내면 가난한 집에서 부잣집으로 입양 간 소공자 같다며 함께 즐거워했다.

그렇게 두 달여쯤 지났을까? 춘아가 요상한 소리를 내며 고양이 한 마리를 데리고 다녔다. 등 쪽은 호랑이 문양에 겨자색 털빛을 하고 가슴과 다리 쪽은 흰색 털빛을 한 귀티 나는 암고양이였다. 눈빛이 도도하게 치켜져 있고 조심성이 많은 예쁜 길냥이였다.

춘아의 사랑이 시작된 것이었다. 발정기가 온 춘아는 자기 밥그릇을 기꺼이 그 냥이에게 양보했다. 나는 길냥이 암고양이에 호리라는 이름을 지어주고 같이 사료를 주었다. 하지만 호리는 내가 나타나기만 해도 혼비백산 달아났고 내가 없을 때만 와서 몰래 밥을 먹었다. 그 모습이 좀 서운하기도 했지만 그래도 우리 춘아의 연인이기에 나는 맛있는 닭가슴살 캔이며 캣밀크를 넉넉히 내어주었다. 그런데 춘아는 호리가 자기 몫까지 다 먹어 치우는 걸 지켜보기만 했다. 사랑이 저런 것일까?

그렇게 얼마의 기간이 흘렀을까? 둘의 사이가 심상치 않았다. 호리가 춘아를 가까이 오지도 못하게 박대하는 것이었다. 체구가 춘아보다 훨씬 작은 호리가 이빨을 보이며 으르렁 대자 춘아가 다가가지도 못하고 주변만 빙빙 맴돌았다. 가만히 살펴보니 호리의 배가 두둥실 해져 있는 게 아닌가.

아하, 호리야 네가 아가를 가졌구나! 나는 감탄이 절로 나왔다. 새끼를 품은 어미의 본능 같은 것인가 보다. 배태를 위해 수컷을 따라 다니다 목적을 이루고 나니 가차 없이 내버린 것이다. 그래도 우리 집에 나타나는 것은 내가 주는 밥 때문인 것 같았다. 춘아는 그렇게 홀대를 받으면서도 자기 밥그릇을 기꺼이 그녀에게 바쳤다. 몇 개월째 먹이를 주고 있지만 호리는 여전히 내게 곁을 주지 않았다.

진짜 전쟁은 그 후에 일어났다. 어느 날 호리가 새끼 고양이 네 마리를 데리고 떡하니 나타났다. 낳은 지 일이 주 정도는 되었는지 눈은 다 떠 있었고 비틀거리지만 스스로 걷는 아가들이었다. 세상에나! 호리야 너 그동안 해산을 한 거니?

날이 추워질 무렵이라 나는 우리 집 지하실에 있는 춘아 집 옆에다 아가들이 지낼 수 있도록 잠자리를 마련해 주고 춘아의 전기방석도 아가들이 잘 수 있도록 깔아주었다. 호리의 가슴이 빵빵하게 부풀어 있고 수시로 아가들에게 젖을 먹이는 모습이 경이롭기까지 했다. 나는 새끼에게 젖을 먹이는 호리의 영양 상태를 고려해 매일 펫밀크와 연어 캔 등을 갖다 날랐다.

문제는 이때부터였다. 춘아가 제집에 들어가지 못하는 것이었다. 너네는 한 가족이니 함께 지내면 행복하겠지? 했던 내 생각은 여지없이 빗나갔다. 새끼를 낳은 암컷은 그걸 지키기 위한 본능으로 예민하고 앙칼진 모습으로 주위를 경계하며 춘아를 근처에 얼씬도 못 하게 했다. 단정할 순 없지만, 새끼들의 아비일지도 모르는데 말이다.

호리가 오히려 그때부터 내게 마음을 열고 밥을 주러 가면 나를 졸졸 따라다녔다. 나는 제 새끼를 위협하는 대상으로 보지 않는 듯했다. 문제는 춘아였다. 밥그릇도 잠자리도 다 뺏겼으나 미련을 버리지 못하고 호리의 주변을 여전히 맴돌았다. 그 모습이 어찌나 바보 같던지 나도 모르게 아이고 이 등신아! 소리가 절로 나왔다. 하는 수 없이 나는 춘아의 밥그릇과 집을 분리해 마당 계단 밑으로 옮겨주었다. 그런데 무슨 일인지 춘아가 밥도 안 먹고 옮긴 잠자리에 적응도 못 했다. 자꾸만 이사 간, 화가 부부가 살던 집 마당에 가 있었다. 그래도 내가 춘아야! 부르면 반드시 야옹 하고 대답하며 달려왔다.

그렇게 아침저녁으로 내가 마당에서 앞집을 향해 춘아야! 하고 불러대는 소리가 골목에서 노는 아이에게 아무

개야 밥 먹어라! 하고 부르는 엄마 목소리 같다고 이웃들이 재밌어했다.

호리는 따로 밥을 챙겨줌에도 춘아의 밥그릇을 공략했다. 그렇게 구박을 당하면서도 호리가 나타나면 춘아는 여전히 밥그릇을 양보했다.

하는 수 없이 춘아가 밥을 다 먹을 때까지 지켜주며 호리의 접근을 막았다. 내가 보고 있으면 호리는 절대로 춘아를 홀대하지 않았다. 심지어 둘이 장난을 치고 뒹굴며 애정행각까지 했다. 그런데 무엇이 문제일까 궁금해 춘아에게 밥을 줘놓고 들어와 CCTV를 들여다보고 있었다. 그때 눈 앞에 펼쳐지는 놀라운 반전에 입을 다물 수가 없었다. 방금 내 앞에서 춘아에게 그리도 다정하게 굴던 호리가 내가 안 보이자 바로 이빨을 드러내 으르렁대며 춘아를 내쫓았다. 춘아는 맥없이 밀려나며 밥그릇을 또 호리에게 빼앗기고 있었다.

처음에는 밥그릇을, 그다음에는 잠자리를 빼앗긴 춘아는 내가 아무리 제 영역을 따로 만들어 주며 애써도 우리 집 마당 안 어디에서 자리를 잡지 못했다. 호리가 우리 집 울타리 안에서 춘아를 밀어낸 모양이었다. 적반하장도 유분수지. 들어온 돌이 박힌 돌을 빼냈다. 그래도 괘씸한 호리를 내칠 수 없는 건 저 쪼꼬미 아가들 때문이었는데, 주말에 오는 우리 아이들은 얄미운 호리를 꽃뱀냥이라 불렀다.

그렇게 제 안마당에서도 발을 붙이지 못하던 춘아가 비밀 안식처를 하나 찾아냈다. 2층 지붕에서 집안을 들여다보며 놀기를 좋아하던 곳, 그곳은 호리가 모르는 춘아와 나만의 비밀의 장소였다. 나도 안도하며 거기서 온갖 맛 난 간식들을 춘아에게 챙겨주었다. 이제 좀 마음이 놓였다.

CCTV로 사악한 현장을 본 후로 새끼들 수유를 생각해 사료는 주었지만 펫밀크나 연어 캔 같은 간식은 다시 주지 않았다. 한동안 춘아는 안정돼 보였지만 여전히 잠자리는 집 밖 어디에서 자고 왔다. 대체 어디서 자고 오는 것일까 궁금하고 걱정됐다. 하루는 외출하다 우연히 춘아가 옛집 대문 앞에서 그 집을 바라보며 서럽게 울부짖고 있는 모습을 보게 되었다. 마치 나자리노가 보름달을 바라보며 울부짖는 모습으로….

마음이 찢어지는 듯 아팠다. 하지만 저희끼리의 영역싸움에서 내가 해줄 수 있는 건 먹이를 챙겨주는 것밖에 달리 할 게 없었다. 그래도 저와 나만의 비밀영역이라도 생겨 참 다행이다 싶을 즈음 어느 날 춘아의 한쪽 눈이 붓고 눈곱이 낀 상태로 나타났다. 감염되었거나 종족들끼리 싸워 다친 듯했다. 그날은 외출 약속이 있어 내일 동물병원에 데려가야겠다고 생각하며 외출을 했다.

그런데 다음 날 아침 식사 시간이 되어도 춘아가 나타나지 않았다. 눈 상태가 어떤지 걱정이 돼 창문을 주시하며 기다리고 있는데 창문 옆 벽 쪽에서 기척이 나길래 반가운 마음에 창문을 활짝 열었다가 소름이 확 끼쳤다. 세상에! 춘아가 아닌 호리가 벽 쪽에 몸을 숨기고 있었다. 우리만의 비밀영역을 호리에게 들키고 춘아는 또 어딘가로 쫓겨났나 보았다. 어떤 호된 응징을 당했는지 그날 이후 춘아는 영영 내 앞에 모습을 나타내지 않았다.

나는 며칠을 자식 잃은 어미처럼 애타게 춘아를 부르며 온 동네를 헤집고 다녔지만, 그 어디에서도 춘아의 모습은 보이지 않았다. 호리에게 제 것을 다 빼앗기고 옛집 마루 밑이나 주차장에 세워진 차 밑을 전전하더라도 내가 부르면 상냥하게 대답하며 달려오던 춘아는 이제 그 어디에도 모습을 드러내지 않았다. 혹시 길을 헤매다 로드킬을 당한 건 아닐까? 마지막으로 본 모습이 눈에 염증이 있던 거로 보아 감염사를 한 건 아닐까 생각하면 마음이 몹시 힘들었다.

춘아의 실종은 내 가슴에 커다란 상처로 남았다. 이별의 아픔이 너무 힘들어서 나는 애완동물을 키울 자질이 아닌가 하는 생각도 들었다. 그동안 춘아를 집안으로 들이지 못한 것은 주말에 오는 손녀와 사위가 고양이 알레르기가 있기도 했고, 애초에 내가 고양이를 키우려 한 목적은 마당의 파수꾼이 필요해서였다. 그런데 그 목적에는 집안에서 자란 순둥이 춘아보다 야생에서 자란 앙칼진 호리가 훨씬 부합했다.

사료와 간식을 챙겨주기 시작한 어느 가을날 춘아와 마당에서 놀던 호리가 내가 보는 앞에서 떡하니 뱀을 잡아보였다. 살아있는 뱀과 싸워 잡는 광경을 목도한 나는 기겁을 했지만 그런 호리가 파수꾼으로 든든하기도 했다. 그 다음 날부터 호리는 매일 나 보란 듯이 쥐를 한 마리씩 잡아다 놓았다. 그게 집사에게 보이는 충성의 증표라고 했다. 하지만 나는 매일 그 쥐들을 치우느라 쩔쩔매곤 했다.

춘아에 대한 슬픔은 컸지만, 새끼 딸린 호리를 내칠 만큼 나는 모질지도 못하고, 또 한 편으로 파수꾼으로서의 능력도 인정했다. 호리가 내게 능력을 보여준 목적은 적중했다. 어쩌면 이 결과까지 염두에 둔 교활한 용의주도함일까? 호리라면 충분히 그리고도 남을 거로 생각하니 등골이 오싹하다.

춘아가 사라진 후 호리는 유난히 더 애교를 떨었다. 내가 마당에 나가면 발끝에 졸졸 따라다녔고 이제는 현관 안까지 따라 들어와 신발장 옆에 앉아있기도 했다. 점차 내 영역 안으로 들어오려는 시도 같았다. 하지만 어림도 없다. 너는 너의 쓰임새에만 충실하거라! 아무리 애교를 떨어도 춘아를 홀대하던 미운털이 가실 것 같지 않았다.

그래도 제 새끼들과 잔디마당에서 뒹굴며 천방지축 새끼들의 장난을 다 받아주는 모습을 보고 있으면 짐승에게도 모성은 지극하구나 싶었다. 그렇게 미웠던 마음이 조금씩 희미해지던 어느 날부터 갑자기 호리가 보이지 않았다. 잠시 출타를 해 아직 돌아오지 않았겠거니 했는데 며칠이 지나도 새끼 고양이 네 마리만 오글오글 모여있고 어미인 호리는 보이지 않았다. 나는 갑자기 어미에게 버림받은 새끼들이 걱정돼 새끼 전용 사료를 사다 물에 불려서 주고 팻밀크도 매일 갖다 주었다. 그래도 호리는 거짓말처럼 사라져 다시는 나타나지 않았다.

새끼를 낳은 지 2개월여가 된 시기인 것 같다. 독립한 건지 어디 가서 잘못된 건지 알 수 없는 나로서는 호리의 실종이 또 한 번의 상처가 되었다. 이제 좀 마음을 열고 바라보고 있던 참이었는데….

더 큰 문제는 이 천방지축 새끼 고양이들이다. 우리 지하실 여기저기에 대소변을 누는 것도 모자라 급기야는 전깃줄을 마구 뜯어놔 영하 17도의 혹한에서 난방이 끊어지는 대참사를 부른 것이다. 화가 치민 나는 제 어미의 교활함까지 다시 떠올리며 더는 고양이의 배신을 감당하지 않겠노라 다짐하며 그날로 녀석들을 지하실에서 내쳐 버렸다. 그동안도 밥만 거기서 먹고 똥을 싸 대며 잠은 다른 곳에서 자는 것 같아 이제나저제나 하던 참이기도 했다. 밥은 계속 주겠지만 더는 내 지하실을 허락하지 않기로 한 것이다.

염치란 부끄러움을 아는 것이다. 최소한의 애정은 염치를 아는 데서 나온다. 고양이에게 염치를 바란 건 애초에 어불성설이다. 하지만 제게 밥그릇을 내준 연인에게서 모든 것을 빼앗고 급기야 영역에서 완전히 내쫓고, 저를 먹이고 재워주는 공간에다 분뇨를 내지르고 전선을 훼손하는 몹쓸 냥이들의 모습에서 비열한 인간의 군상을 연상하는 일은 그리 어렵지 않았다. 인간에게도 부끄러움을 아는 것은 품격의 문제다. 인간다움, 그 최소한의 영역인 것이다. 고작 키우던 짐승에게 이리 분노나 하는 내 깜냥은 염치나 담을 수 있는 그릇인지 나를 부끄럽고 한심하게 만든 고양이 키우기 실패담이다.

나라를 못 구한 사람

 이 나이가 되어서야 지며 사는 게 행복이란 걸 좀 알 것 같다. 육십이란 참 마술 같은 숫자다. 세상을 보는 눈이 유순해지고 너그럽고 따뜻해진다. 세월이 주는 아량이랄까. 아니 어쩌면 내가 살아낸 경험치에서 오는 달관 같은 건지도 모르겠다. 아등바등 해봐도 별거 아니더라는 학습된 철학, 그래서 인간은 제가 겪은 것만 옳다고 우기게 되나 보다.
 전원살이의 적적함을 달래려고 강아지 한 마리를 들이기로 했다. 아이들이 어렸을 적 하도 강아지를 사달라 졸라대 퇴계로 애견샵에서 푸들 한 마리를 들여와 잠시 키운 적이 있다. 벌써 30년도 전 얘기다 보니 자신이 없어 인터넷과 유튜브 영상으로 한 달쯤 공부한 후에 조금 자신감이 생겨 강아지 입양을 두루 알아보았다. 막상 입양하려니 생각보다 쉽지 않았다.

애견샵의 아이들은 소위 강아지 공장이라는 곳에서 데려다 파는 아이들이라 건강치 못할 뿐만 아니라 동물복지에도 위배가 된다며 우리 아이들이 극구 반대했다. 아들 아이와 딸애는 애견샵에 대한 불신이 컸다. 사기 분양이 많다는 것이다. 그래 기왕 데려오는 거라면 좋은 일도 해보자 싶어 유기견 보호소에 상담도 해보았지만, 초보자와 마찬가지인 내가 유기되어 마음에 상처받은 아이를 잘 돌볼 자신이 없어 여러 날 고심하다 포기했다.

인터넷을 통해 여러 분양업체를 찾아 비교분석을 하다 믿을만한 큰 업체 같아 찾아갔더니 인터넷 홍보물에 게시한 금액의 열 배를 요구하는 바람에 그 상행위가 너무 괘씸해 발길을 돌렸다. 지금 생각해도 열불이 나는 치들이다. 우리 아이들은 과대광고를 고발하라며 나보다 더 분개했다. 딸아이 부부는 육아와 직장을 병행하는 생활이고 아들아이도 직장인이라 우리는 주로 가족 단체 대화방에서 의견을 주고받는다.

다시 끝없는 인터넷 검색을 시작했다. 급기야 가정 분양 대행이라는 애견샵을 알게 되었고 전화상담이 해봤다. 가정에서 낳은 강아지를 입양자와 연결하는 전문분양업체라는 것이다. 한 차례 분양가 미끼에 낚인 실수를 또 하지 않으려 미리 분양가 조정까지 하고 갔다.

거기서는 몰티즈나 푸들을 원한 내게 사진으로 미리 보여줬던 두 강아지를 동시에 보여주었다. 둘 다 갓 어미젖을 뗀 2개월 된 아가였는데 크림색 푸들은 나에게 흥미를 보이지 않고 데면데면한 반면 아주 예쁘게 생긴 흰색 몰티즈는 나를 보자마자 내 손가락에 킁킁 냄새를 맡으며 앙증맞은 작은 꼬리를 마구 흔들었다. 결정하는데 일 초도 안 걸렸다.

나는 인연을 소중히 생각한다. 노력하지 않아도 절로 마음이 당기는 무엇. 우연이 중복되고 상황이 그쪽으로 흘러가 닿는 것을 나는 인연이라 생각한다. '나라'가 그랬다. 단번에 저 아이는 나와 연이 닿는구나 하고 마음이 갔다. 애견샵에서 권하는 온갖 용품을 모두 구매하고 드디어 나라를 안고 집으로 왔다.

나라라는 이름은 진작에 지어놓았다. 여러 이름을 생각해 보다가 후생에 다시 태어나면 "전생에 '나라'를 구한 사람"이 되고 싶다고 우스개 이야깃거리도 지어냈다. 나라는 정말 앙증맞고 예뻤다. 800g 아가의 조그만 몸은 너무 가냘파 만지는 것도 조심스러웠다. 내 염려에도 불구하고 나라는 집에 내려놓자마자 말 그대로 깨발랄 그 자체였다. 조금도 낯설어하지 않고 온 집안을 탐색했다. 너무 어린 강아지는 위생상 당분간 울타리를 쳐서 키워야 한다 해서 거실에다 보호 울타리를 쳐주었다. 그렇게 나라와의 황홀한 동거가 시작되었다. 단 사흘 동안만.

나라는 처음부터 사료를 잘 먹지 않았다. 분양처에서 먹이던 것을 받아왔음에도 한 번에 열 알 정도밖에 먹지 않았다. 전화해 물어보니 그렇게 자주 먹는다고 했다. 그러고 보니 수시로 먹었다. 그런데 이틀째 저녁부터 묽은 변을 보기 시작했다. 그래도 기운이 없어 보이거나 아픈 아이 같지 않게 잘 놀았다. 그런데 사료는 여전히 잘 먹지 않았다.

그 조그만 것이 거실에서 꼬물대고 있으니 온 집안에 생명의 기운이 가득 차는 느낌이었다. 참 경이로운 경험이었다. 자다가도 나가보고, 새벽같이 일어나 들여다보고 사진을 찍어 아이들과 지인들에게 공유했다. 사람들이 왜 반려견을 키우는지 벌써 알 것 같은 마음에 사랑이 퐁퐁 샘 솟아올랐다.

그런데 이게 어찌 된 일인지 3일째 아침에 일어나 보니 나라가 여기저기 묽은 변을 봐놓고 축 처져서 토악질을 해대는 게 아닌가? 사료는 한 알도 먹지 않고 그대로였다. 아직 면역이 제대로 형성되지 않은 아가라 바로 동물병원으로 데려갔다. 수의사는 새 환경에 적응하느라 그렇다며 별 대수롭지 않게 주사 두 대를 놔주고 걱정하지 말라고 했다.

그 말에 경험이 없는 나로서는 한시름 놓으며 집으로 돌아왔다. 그런데 나라는 종일 아무것도 먹지 못했다. 너무 먹지 않아 설탕물을 연하게 타서 주었다. 어린 강아지가 처음 집에 왔을 때 스트레스로 그럴 수 있으니 그럴 땐 설탕물을 먹이라는 걸 어디서 본 생각이 나서다. 몇 모금 먹는 듯하다가 이내 그만두어 애를 태웠다. 주사약 기운으로 조금 생기가 나는 듯 보이다가 금세 축 처졌다.

분양처에 상태를 알렸더니 24시 동물병원과 연계돼 있으니 일단 와서 파보 검사를 해보자고 했다. 파보는 강아지 장염으로 치사율이 80~90%인 무서운 전염성 질환이란다. 내일 날이 밝으면 일찍 가기로 하고 계속 토하는 나라가 탈수될까 걱정돼 설탕물을 수시로 공급했다. 다행히 물은 조금씩 먹었다. 그것이 유일하게 연명하는 에너지였다.

장난으로 말했던 '나라 구하기'가 현실이 되어버린 것 같아 가책이 왔다. 밤새 거실 소파에서 자며 나라를 지켜보았다. 너무 안쓰러워 가슴에 안고 캥거루 케어도 했다. 어미의 품이 그리울 아가에게 내 심장 소리와 체온이라도 느끼게 해주고 싶었다. 작은 몸에서 가냘프게 뛰고 있는 생명의 박동을 느끼고 있으려니 안타까움에 눈시울이 뜨거워 왔다.

나라는 파보였다. 분양처 사장이 직접 점검한 검사장비에 선명하게 나타난 줄 하나. 무서운 세균성 전염병인 파보는 하나가 걸리면 그 공간 안에 있는 강아지들이 다 걸렸다고 보면 된다고 할 만큼 무서운 전염병이란 걸 그때까진 몰랐다. 잠복 기간이 2주라는 것과 나라는 이미 감염된 채 분양되었다는 사실도 그때는 몰랐다. 분양처 사장은 우리를 내쫓다시피 빨리 병원으로 가라고 재촉했다. 3일 전에 거기서 데려온 아이인데….

그 분양처와 연계된 24시 동물병원은 부천에 있다고 했다. 그날이 일요일이라 24시 병원이 아니면 문을 연 데가 없어 하는 수 없이 그곳으로 갈 수밖에 없었다. 양평 집에서 신촌 분양처까지 1시간 30분, 거기서 다시 1시간 거리의 부천 병원까지 갔다. 나라는 곧바로 입원했다. 전염병 격리 병동이 따로 있을 정도로 심각한 병이었다. 설탕물에 엉겨 새하얀 털이 누렇게 뭉쳤고 800g이던 체중이 사흘 만에 740g이 된 작은 아가의 몸에 링거의 줄이 드리워졌다.

"나라야, 꼭 나아서 집에 가자."를 반복하는 간절한 내 목소리를 알아듣는 듯 포도알 같은 까만 두 눈이 온 힘을 다해 나를 바라보았다. 애처로운 눈빛을 뒤로하며 나도 몸과 마음이 녹초가 되어 다시 2시간을 운전해 집으로 돌아왔다.

나라를 데려온 지 4일 차의 길고도 고단한 하루였다. 그때까지만 해도 나는 나라를 진짜 잃을 것이라곤 1%도 생각지 않았다. 치사율이 아무리 높다 해도 100%는 아니지 않은가. 더욱이 의료진이 24시간 돌보는 병원에 입원해 생명줄도 달았으니 시간이 지나면 당연히 나아서 데려올 수 있으리라 굳게 믿었다.

병원에서는 매일 나라의 상태를 동영상으로 찍어 보내줬다. 앞다리에 꽂은 주사가 불편한지 절뚝거리며 걷는 나라가 너무 안쓰러웠다. 그래도 밥도 조금씩 먹고 잠도 잘 잤다고 해서 차츰 마음이 놓였다. 우리, 나라를 잘 살펴 달라고 진심을 다해 부탁했다. 우리 아이들이 어려서 입원했을 때와 크게 다르지 않은 마음이었다.

입원 6일째 오후 4시경 병원에서 전화가 왔다. 나라가 파보 키트 검사에서 정상으로 나왔으니 퇴원하라는 반가운 소식이었다. 나는 곧바로 달려가고 싶었지만, 그때 마침 친구들이 집에 놀러 와있어 내일 퇴원시키러 가겠다고 했다. 왕복 4시간 거리의 부천까지 가기에도 늦은 시간이었다. 그러면 하루치 입원비를 더 부담해야 한다기에 기꺼이 그러겠다고 했다. 그동안의 입원비는 이미 선지급으로 결제한 상태였다. 나라의 완쾌 소식을 듣고 너무 기쁜 나머지 나는 친구들에게 내가 진짜 나라를 구했다. 내가 후생에 태어나면 나라를 구한 사람이니 엄청 복이 많게 태어날 거라고 농담하며 건배를 했다. 같이 걱정했던 친구들도 함께 기뻐하며 나라의 완쾌를 축하해줬다.

그런데 그로부터 불과 3시간여가 지난 저녁 7시경 전화가 왔다. 나라가 입원한 동물병원 수의사였다. 지금까지는 늘 간호사가 상태를 알려주거나 입·퇴원의 절차 문제로 통화를 했는데 수의사가 직접 전화를 한 게 느낌이 묘했다.

예감은 틀리지 않았다. 나라가 심장이 멈췄다는 것이다. 경련 발작을 일으켜 쇼크사했다는 것이다. 한동안 말을 잇지 못하던 내 입에서 튀어 나간 첫 마디가 "당신들은 뭐 했느냐?"였다. 세 시간 전에 퇴원하라던 아이가 그렇게 되도록 왜 지켜내지 못했느냐? 거기가 병원이 아니냐며 비명 같은 원망이 쏟아져 나왔다.

친구들과 나라의 완쾌 축하 파티가 끝나지도 않았는데 들은 날벼락 같은 소식을 나는 믿을 수가 없었다. 수의사는 나라를 살리지 못한 것에 대해 미안하다고 했다. 나라가 파보로 입원했지만, 그동안 여러 차례 발작이 있었다고 했다. 선천적으로 질환을 갖고 태어난 아이 같다고 했다.

발작에 관한 이야기는 입원 동안 한 번도 듣지 못했다고 되묻자 그동안은 경미한 발작이었는데 오늘은 심하게 경련 발작이 와 인공호흡을 실시했지만 결국 심정지 되었다는 것이다. 할 말을 잃은 채 전화기만 붙잡고 있는 내게 또 미안하다고 말하는 수의사의 진심이 전달되어왔다. 이제 어떻게 해야 하나 망연자실하고 있는 내게 병원 측에서 나라를 잘 화장 처리해 주겠다며 마무리를 짓고 끊었다.

거실에 울타리 쳐준 나라의 작은 공간이 갑자기 운동장만큼 넓고 텅 비어 보였다. 분양 때 사 온 나라의 용품들이 거실 한쪽에 덩그러니 놓여있었다. 주인을 잃었다고 생각하니 그 물건들마저 슬퍼 보였다. 아주 오래된 죄책감이 다시 스멀스멀 고개를 들었다.

인간이란 얼마나 이기적이고 교활한가?

내가 나라를 입양한 이유도, 이름을 '나라 구하기' 이야기로 지은 것도 사실 나는 그때의 죄책감을 씻고 싶어서였다. 그 마음에서 자유롭고 싶었다.

삼십여 년 전 초등학생과 유치원생이던 아들과 딸이 하도 졸라 문방구에서 장난감 사듯 생각 없이 산 푸들 푸름이. 까만색 푸들이었지만 푸들이라 푸름이라 이름 지었다. 나는 개를 좋아하지 않았다. 특히 비릿한 개 냄새를 가장 싫어했다. 그럼에도 아이 아빠가 아이들의 성화를 들어주는 바람에 불편한 동거가 시작된 것이다. 아이들이 저렇게 좋아하니 나의 불편함은 좀 참아보자 싶었다. 그런데 냄새 문제는 극복이 되지 않았다. 퇴근하고 현관문을 열면 확 끼쳐오는 개 냄새. 비위가 약한 나는 그걸 참아내기가 너무나 괴로웠다. 그런 엄마의 눈치를 살피며 아이들이 향이 강한 개 샴푸로 목욕을 시켰는데 문제는 그 샴푸 냄새조차 모두 개 냄새로 인식되어 더욱 괴로워졌다. 온 집안이 개 냄새인지 샴푸 냄새인지 구분이 안 되는 불쾌한 냄새로 가득 찼다. 급기야 나는 집안에서 밥을 먹을 수가 없었다. 괴로워하는 엄마를 지켜보는 아이들도 난감했으리라. 그러던 중 푸름이의 슬개골 탈골이 일어났다. 아파트 1층에 사는 우리 집이지만 아이들이 산책을 데리고 나갈 때 현관 앞 계단을 콩콩 뛰어내리느라 그랬는지 어느 날 보니 푸름이가 절뚝거리고 있었다. 왼쪽 앞다리가 골절된 것 같았다.

 그때는 요즘처럼 애완견을 살뜰히 돌보던 시절이 아니었다. 반려견이란 말도 그때는 쓰지 않았고 키우는 사람들도 그리 많지 않던 시절이다. 그래도 절뚝이는 푸름이를 왜 동물병원에 데려가야겠다고 생각하지 않았는지는 지금도 모르겠다. 그게 슬개골 탈골이란 것도, 푸들에게 흔한 유전병이란 것도 최근에 공부하면서 알았다. 그때 우리 아이들이 어리기도 했지만 어쩌면 엄마 눈치를 살피느라 병원에 데려가자고 하지 못한 건 아니었을까? 자꾸 내 탓인 것만 같아 생각하면 지금도 마음이 불편하다.

나에게 개는 가축이었다. 시골집 마당에서 키우던 똥개. 사람들의 잔반을 먹고 살다가 결국 식탁에 오르는 식용 가축. 소나 돼지와 별반 다르지 않았다. 그런 정도의 인식을 하고 애완견을 키우니 냄새가 극복되지 않았다. 결국, 나는 아파트 일 층인 우리 집 베란다 아래 공간에 푸름이를 내어 키우기로 했다. 거기서는 비도 피할 수 있고 공간도 충분하여 긴 목줄로 묶어두고 밥과 물을 챙겨주고 아이들이 학교와 유치원에서 돌아오면 같이 놀아주었다. 마당에서 키우는 거로 생각한 것이다. 그러던 어느 날 한 이웃 아주머니가 산책하다 보고는 푸름이가 가엽다며 자기가 데려가 키우면 안 되겠냐고 해 나는 두말없이 승낙해 버렸다. 골칫거리를 해결해 주니 고맙기까지 했다. 그때 우리 아이들 반응이 어땠는지는 기억나지 않는다. 하지만 푸름이를 버린 거나 마찬가지라는 내 마음속 죄책감은 어쩌지 못했다.

나라를 데려오면서 그때 푸름이에 대한 미안함을 좀 상쇄시키고 싶었다. 온 정성으로 사랑으로 키우며 그때의 죄책감을 좀 덜어내고 싶었다. 나이 드니 후각도 무뎌져 냄새에 대한 스트레스도 많이 줄었다. 그러나 나라는 내게 기회를 주지 않고 떠나버렸다. 아직 나라를 구하지 못한 사람으로 더 살라는 뜻인 걸까.

　돌이켜 보니 나라를 분양한 분양처도 가정위탁 분양처가 아닌 상술인듯했다. 믿음이 무너지는 허탈감까지 더해 분노가 일었지만 그냥 눈 감기로 했다. 지고 살기로 했다. 속죄의 마음이 조금이나마 덜어지길 바라면서….

흔적

인간이 지나간 자리에는 흔적이 남는다. 그 흔적이 아름다울 수 있다면 인생을 잘 살았다는 증거일 것이다. 그러니 쉬운 일이 아니다.

느닷없이 업둥이로 들어온 래브라도 리트리버를 키우게 됐다. 아가 때 분양해 아파트에서 키우다 좀 크니 감당이 안 된다며 마당이 있는 우리 집으로 보내온 것이다. 나라를 잃고 헛헛해 있던 내게 친구가 데려왔다. 귀티 나는 이목구비와 훤칠한 풍모, 흰 우유에 커피 몇 방울을 떨어뜨려 그러데이션 한 것 같은 털빛은 단번에 내 마음을 사로잡기에 충분했다.

나라의 용품들이 아직 거실에 그대로 있었지만 나는 목수를 불러 현관 계단 아래 공간에다 원목으로 된 집을 짓고 추운 겨울을 생각해 바닥에 전기 온열 패널도 깔았다.

'나라'는 못 구했지만 '우주'를 구해보자며 이름을 '우주'라 지었다. 일하시던 아저씨가 자기 집보다 더 호화롭다며 자기가 여기서 살고 싶다며 너스레를 떨었다. 널따랗게 망은 쳤지만, 문을 닫지 않고 10미터짜리 줄로 묶어 강아지가 마당을 충분히 누릴 수 있도록 했다.

새 식구를 들인 후 나의 생활은 많이 달라졌다. 정적인 일과에서 동적인 일과로 바뀌었다고 할까? 끊임없이 신경이 쓰였다. 부지런해질 수밖에 없었다. 마당에 나가 있는 시간도 길어져 햇볕을 많이 쬐고 활동량도 많아지니 잠도 잘 자 잘되었다고 생각했다.

그러나 웬걸, 한 달여가 지나자 잔디마당이 초토화되는 것이었다. 개가 딛는 10m 전방의 잔디는 누렇게 변하더니 급기야 반질반질 흙 마당으로 변해갔다. 나의 갈등이 시작됐다. 개를 가둬 키울 것인지, 잔디 마당을 포기할 것인지….

장고를 거듭해도 답이 나오질 않았다. 가둬 키우려니 개가 불쌍하고 잔디를 포기하는 건 더 어려운 일이었다. 더욱이 5개월짜리 래브라도의 개구진 활동성은 감당하기에 몹시 벅찼다. 강아지를 끼우면 힐링과 행복감을 얻는다는데 내겐 끝없는 노동과 고민의 연속이었다. 이걸 계속 키워야 하나?

가족들의 단체 대화방에 회의 안건을 올렸다. 아이들은 한결같이 더 인내해야 한다며 나를 응원하니 포기도 어려웠다. 그즈음 중성화 수술을 위해 동물병원에 갔다가 원장님의 명쾌한 정의에 나의 고민이 일거에 정리됐다. 개에게 맞추지 말고 사람에게 맞추라는 것이다. 그래야 오래 함께 할 수 있다는 거다. 그렇구나. 나는 그날부터 개집에 강아지를 넣고 아침저녁으로 한 시간씩 산책도 시키고 같이 놀아주는 일과를 만들었다. 생각보다 개는 금방 적응하는 것 같았으나 그 에너지는 상상을 초월했다. 죽었던 잔디마당은 복원 노력을 했더니 조금씩 살아났다. 그런데 이번에는 강아지랑 놀아주려고 놓은 의자 아래 잔디가 또 죽고 있었다. 그것은 내 발에 밟힌 잔디이다. 내가 머문 자리에도 흔적이 남고 있었다. 황폐화되어 가면서….

　나는 늘 뒷모습이 아름답기를 원한다. 그것은 내가 살아온 흔적이 아름다워야 가능한 일이다. 하지만 인생이 어디 그리 녹록한가 말이다. 나는 결국 우주의 활동성에 손을 들고 말았다. 내가 감당하기에 성장기의 래브라도 리트리버의 폭풍 에너지가 너무 벅찼다. 대형견을 키우는 데 따르는 노동이 너무 벅찼고 25킬로에 육박하는 녀석이 전속력으로 달려와 뛰어 안기니 허리를 삐끗해 반려견이 아니라 공포의 애물견이 되었다. 데려온 지 2개월여 만에 다른 인연을 찾아 보내기로 했다.

딸아이는 그런 나를 몹시 못마땅해했다. 가족으로 들여놓고 마음이 그리 쉬 변하느냐며 나의 오랜 죄책감을 들쑤셨다. 죄지은 심정이 되어 며칠을 고민하며 지내는데 때마침 좋은 보호자가 나타났다. 대형견을 여럿 키운 경험 있는 분이었고 마당도 우리 집보다 넓어 환경이 좋은 듯해 마음이 놓였다. 시원섭섭이라는 말은 이때 딱 맞는 말 같았다. 우주 구하기는 처음부터 가당찮은 말이었다.

우주를 떠나보내고 빈 견사에는 길냥이들 밥그릇과 물통을 옮겨다 놓았다. 안에는 폭신한 담요도 깔아주어 길냥이들이 비와 바람을 피해가게 해주었다. 그 길냥이들은 어미가 우리 집 창고에서 키운 새끼냥이 네 마리다. 태어날 때부터 밥을 주어왔지만 한 번도 곁을 안 주는 쌀쌀맞은 녀석들이다. 하지만 어쩌랴. 나는 지금 우주의 흔적을 지우기 위해 길냥이들에게 구애하는 중이다. 아니, 내 마음의 죄책감을 상쇄시키기 위해 또 다른 애정의 대상을 찾는 중인 것이다. 실연의 아픔은 새로운 사랑으로 치유하는 게 가장 빠르다 하지 않던가. 그래도 남는 흔적은 또 하나 나이테가 되어주길 바라면서. 부끄러운 흔적은 옹이 같은 나이테가 되려나….

3부

사랑해도 괜찮아

육십, 그리고 에로티시즘

사랑해도 괜찮아

"나는 육십에 바다를 보았어!"

얼마 전 사랑을 시작한 친구가 말했다. 멀리 살지만 매일 이다시피, 전화로 문자 메시지로 수다를 떠는 어릴 적 친구다. 우리는 늘 사랑을 꿈꾸지만, 상대가 섹스하자고 할까 봐 겁나서 연애 못 한다는 것으로 낄낄대며 수다를 마무리하곤 했다. 그런 그녀가 바다를 보았단다. 바다를….

"돼?"

나의 호기심은 단호했다. 우리는 너무 오래 혼자였고 몸의 신호에 관심을 끈 지 오래였고 더러 입으로 해소했다. 나이가 들어도 연애 세포는 죽지 않아서 늘 낭만적인 연애를 갈망하며 이런 남자라면 한 번쯤, 하고 공허한 희망을 하릴없이 날리곤 했다. 우리의 로망은 단순했다. 대화가 되는 남자. 근데 그게 결코 말처럼 간단하지는 않았다. '대화'라는 낱말에는 모든 조건이 녹아있었다. 지성, 감성, 코드, 매너, 외적 호감도, 건강, 어느 정도의 경제력 등등. 우리가 바라는 것이 이럴 진데 상대방 또한 그렇지 않겠는가 말이다. 그래 우리는 드라마 속에 나오는 이상형이나 보며 상처 안 받을 짝사랑이나 실컷 하자고 낄낄댔었다.

"되더냐고?"

재차 묻는 내 성화에 친구가 까르르 웃었다. 얼마 만에 들어보는 저 웃음소리인가. 저렇게 꾀꼬리처럼 낭랑하게 웃던 친구의 어릴 적 모습이 기억에서 소환됐다. 나는 까닭 모르게 가슴이 덜컥 내려앉는 것 같았다. 질투일까? 진짜 사랑에 빠진 친구에게서 느끼는 묘한 감정이었다.

남편과 사별한 지 십 년도 넘은 친구는 혼자 딸아이를 건사하며 흔들리지 않고 자기 삶을 꾸려왔다. 이젠 딸도 결혼해 독립하고 친구도 나도 일에서 은퇴를 한 후여서 우리는 가족보다 더 많은 얘기를 나누며 지내는 중이었다.

그런 친구가 몇 개월 전에 사랑에 빠진 것 같다고 조심스레 털어놓았다. 첫눈에 반한다는 것을 굳게 믿는다는 친구였다. 어릴 적 자신의 첫사랑이 그랬기에. 그런 그녀가 첫눈에 반했던 그 첫사랑을 다시 만난 것이다. 운명이란 게 이런 걸까? 이 첫사랑들이 둘 다 혼자가 되어 다시 만난 것이다. 운명의 여신은 짓궂게 마련인지 첫사랑에 대한 마음이 커갈수록 친구의 고민도 깊어갔다.

"자자고 하면 어쩌지?"

친구의 걱정은 태산 같았다.

"너네가 청소년이니? 당연히 자자고 하지!"

"될까?"

"될 거야! 사랑하잖아. 여자는 뇌로 섹스한다잖아. 사랑하는 마음이 있으면 될 거야!"

걱정 가득한 친구를 위로했지만 사실 나도 반신반의했다. 그러나 나는 친구가 몸과 영혼이 하나가 되는 진정한 축복의 사랑을 나눌 수 있길 진심으로 바랐다.

스킨십이 없는 사랑이 가능할까? 어느 날 우리의 수다 주제는 그것이었다. 우리는 된다고 했다가, 에이! 남녀 간에 그게 어떻게 가능해? 했다가, 아니 늙으면 손만 잡고도 오르가슴을 대신할 수 있지 않을까? 하곤 낄낄댔었다. 여자가 나이 들면 필요한 것은 남자가 아니라 친구, 돈, 자식이라든가, 가끔 딜도도 필요할 거라고 했다가 이젠 감촉이 리얼한 로봇 인형도 나온다니 적금을 붓자고 하며 또 낄낄댔었다.

"되더라고!"

친구의 그 말에 나는 왜 눈물이 났을까?
내 마음을 알아챘는지 친구가 목소리를 더 밝게 과장하며 우리가 그동안 쓸데없는 걱정을 너무 한 거 같다며 나한테도 용기를 내라고 격려까지 했다. 우리는 왜 안 된다고, 안 될 거로 생각했을까? 신포도 같은 것이었을까? 가질 수 없는 것에 대한 미련 버리기 같은….

친구는 육십에 바다를 보았다고 당당하게 말했다. 젊어서도 느껴보지 못했던 몸의 즐거움을 이제야 알았다고 했다. 몸의 언어가 이토록 따뜻한 것인지, 이토록 위로되는지, 이토록 건강한 것인지도 알게 되었다고 했다. 몸의 대화는 결코 힘만으로 이뤄지는 것이 아니란 사실을 알게 돼 남은 생이 더욱 아름답게 보인다고 했다. 어깨에 카디건을 걸쳐주는 진심 어린 손길에서도 온몸의 세포가 낱낱이 돌기 되는 느낌을 나도 꼭 다시 알았으면 좋겠다고 했다. 여자는 뇌로 사랑한다는 말이 정말 맞는 것 같다며, 절대 포기하지 말라고 내게 단단히 당부까지 했다.

 온몸의 세포가 낱낱이 돌기를 곤추세우며 와와 소리치는 사랑이라….
 나이가 들면 시드는 것이 아니라 완숙되어 간다는 말이 이들의 사랑을 두고 하는 말인가 보다. 성숙한 사랑은 연기가 없는 알불 같아서 더욱 뜨거운가 보다. 영화처럼 아름다운 그들의 사랑이 나는 진심으로 부러웠다. 그런데 이건 또 무슨 조화란 말인가? 친구의 사랑 얘기를 듣고 있노라니 오래 잠자던, 잠자는 줄 알았던 나의 세포가 저 혼자 깨어 소리치며 일어서고 있었다. 아, 어쩌란 말이냐! 젠장!

한 번도 애인이 없던 적이 없다

매력적인 선배가 있다. 그녀의 나이는 칠십. 그녀는 자신 있게 말한다. 한 번도 애인이 없었던 적이 없다고.
그녀는 겉치장으로 멋을 내거나 외모에 집착하는 화려한 사람은 아니다. 타고난 매력적인 외모이긴 하지만 세월을 이기는 미모는 없다. 그런데 그녀는 날이 갈수록 더 섹시해지고 있다. 나이가 주는 원숙함, 우아함, 세상을 향한 지적 통찰이 그러하다. 그녀와 얘기하다 보면 어느새 스며드는 나를 발견한다. 깊이를 알 수 없는 심연으로 끌려들어 가는 느낌이랄까. 아, 어떻게 거기까지 생각했을까 싶을 만치 생각이 깊다. 어쩌면 그녀의 연인들도 그 뇌섹에 매료되지 않았을까 싶다. 나이 든 연인들에게는 대화의 깊이가 곧 관계의 깊이다. 감성과 말이 통하는 사람과는 온종일 함께 있어도 지루하지 않다. 그것이 조금 설렘이 있는 이성이라면 더하지 않겠는가? 그녀의 매력은 솔직함에도 있다. 자신의 연애사나 감정에 대해서도 진술하다. 연륜이 주는 당당함일까? 원 없이 사랑해본 사람의 여유 같은 것일까?

성인이 되고부터 인생의 어느 시기에도 연인이 없었던 적이 없다는 그녀가 요즘 빠져있는 대상은 뜻밖이었다. 예수, 예수보다 더 매력적인 사내는 없다는 것이다. 지금껏 만난 그 어떤 이성보다 설레고 믿음직하고 매일 가슴을 뛰게 만든단다. 완전한 사랑, 이제야 진짜 사랑을 만난 것 같단다.

한때 나는 그녀가 몹시 부러운 적이 있었다. 어떻게 늘 연인이 있을 수 있을까? 그런데 요즘 예수에게 빠졌다는 얘기를 들으니 마음 깊은 곳에서 알 수 없는 불편함 같은 것이 스멀스멀 올라왔다. 이상하다. 사람에 대해서는 부럽긴 해도 이런 기분은 아니었는데 이 감정은 뭘까?

물론 나도 누구를 좋아한 적도 있고, 온 열정을 다해 사랑에 빠진 적도 있다. 그러나 생각해 보면 나는 사람보다 다른 무언가에 빠져있었던 적이 더 많았던 것 같다. 그것도 연정으로 본다면 나 역시 늘 사랑하는 대상이 있었던 게 맞을 것 같다.

나는 열정적인 성정의 소유자다. 그저 대충, 미지근한 걸 참지 못한다. 하면 열심히 하고, 아니다 싶으면 거들떠보지 않거나 포기도 빠르다. 신명이 나지 않는 일은 가급적 선택하지 않는다. 내 선택의 기준은 항상 그것이니까.

내가 40대 중반에 빠진 대상은 좀 어이가 없는 선택이었다. 갱년기를 앞둔 여자가 가당치도 않게 검도를 시작한 것이다. 기자 시절이었다. 격무에 늘 부대끼던 체력을 새벽 조깅으로 근근이 버티고 있었다. 그것도 아침잠과의 사투로 지쳐가고 있던 어느 새벽, 공기를 가르는 기합 소리를 창 너머로 들은 것이다. 집 근처 구립 체육관에 새벽 프로그램으로 검도반이 생긴 것이다. 나는 묻지도 따지지도 않고 검도반에 등록했다. 아침 운동 프로그램이 하나밖에 없어 선택의 여지가 없었다. 검도가 무엇인지 기억도 몰랐지만 어딘가에 소속이 되면 아침잠과의 사투가 좀 수월하지 않을까 싶은 이유였다.

무지 상태에서 배워가는 검도의 매력은 생각보다 쏠쏠했다. 기대 이상이었다. 첫 번째로 사범이 멋있었다. 88 상비군 선수 출신의 젊은 사범은 전공자답게 체계적인 설명과 바른 운동법을 적절하게 가르쳐 주었다. 두 번째는 도복이다. 긴 주름 통바지에 누비 상의, 거기다 몸을 보호하는 장구인 호면 호갑 호완 등을 다 착용하고 나면 정말 근사했다. 특히 하체 보호구인 갑상에 새겨진 큼직한 이름 석 자는 자신의 이름에 책임을 져야 할 것 같은 사명감을 느끼게 해 비장해지기까지 한다. 역시 운동은 폼생폼사다.

도장에서 여자는 나 하나. 남자들과 대련하다 보면 호구를 다 착용했음에도 여기저기 멍이 들기 일쑤고 밤새 끙끙 앓기도 한다. 그럼에도 불구하고 나는 검도에 빠졌다. 진짜 빠진 이유는 사범도, 도복도 아닌, 바로 '도'였다. 검도가 단순히 운동이 아니라 몸과 마음을 수련하는 도라는 것에 나는 완전히 매료됐다. 대련 시 '숲도 보고 나무도 보라'는 사범의 쩌렁쩌렁한 목소리가 등을 떠밀 때면 마치 올림픽에 출전한 선수처럼 맹렬해지곤 했다. 예에서 시작해 예로 끝난다고 할 만큼 검도는 예를 중시했고 그것을 통해 자신을 수양하는 방편으로 삼았다.

동작마다 '이건 왜? 무슨 의미냐?'를 끊임없이 질문하는 내가 성가셨는지 사범은 자신이 공부하던 검도책을 나에게 던져 주었다. 그 책은 내가 검도에 입문하는데, 아니 매료되는데 스승이 되어주었다. 덕분에 더는 아침잠과의 사투 같은 건 없었다. 새벽 5시 30분이면 저절로 반짝 눈이 떠졌다. 이건 사랑에 빠진 것 말고는 무엇으로도 설명할 수가 없다. 나는 그렇게 검도와 사랑에 빠졌다. 3년 동안

주말을 빼고 단 하루도 쉬지 않고 새벽 검도를 했다. 운동을 너무나 싫어하는 나에게 일어난 믿기 어려운 일이었다.

그렇게 빠져있던 검도를 그만두어야 하는 사유가 생겼다. 무릎 때문이었다. 검도복의 보호장구를 다 착용하면 6 kg이 넘는 무게다. 거기에 자신의 체중을 더해 맨발로 마룻바닥을 뛰며 운동한다. 더욱이 대련할 때면 정과 동의 자세로 상대의 허점을 맹수처럼 파고들어 돌진하기에 무릎에 많은 무리가 왔다. 검도는 역시 대련이 맛이고 멋이다. 그러나 나이 들어가는 여자의 무릎은 검도의 무게와 역동성을 견디기에 역부족이었다. 검도를 그만두라는 의사의 경고는 마치 사랑하는 이와 헤어지라는 불가항력적 이별 통보 같았다. 정말 슬펐다.

나의 검도 사랑은 이루지 못한 첫사랑처럼 아직도 아릿하다. 더는 입지 못하는 도복을 그 후 10년도 넘게 애지중지하다 결국 도장에 기부했다. 검도를 좋아했던 만큼 도복에도 정성과 비용을 들여 그만두게 될지 모르고 얼마 전에 새로 주문한 값이 꽤 나가는 것이었다. 그 도복을 새로 입문하는 여성 수련자에게 주는 것으로 나는 검도와 완전한 이별을 했다.

나는 워커홀릭에 가까울 정도로 하는 일과 사랑에 빠지

는 쪽이다. 그런데 한 번 더 진한 외도를 한 적이 있다. 살사 댄스다. 살사는 언제나 현재 진행형이다. 음악만 있으면 되기 때문이다. 물론 살사는 파트너가 있는 댄스지만 나는 혼자 살사를 춘다. 테라스에서, 마당에서, 때론 마당에 놓은 살평상 위에 올라 무대 위의 무희처럼 열정을 낸다. 전원에서 살다 보니 이웃의 시선이나 소음에 자유롭다. 이 또한 전원살이의 묘미다. 어쩌면 내 춤은 이미 살사가 아닐지도 모른다. 거의 막춤에 가까운 혼 살사. 하지만 어떤가. 즐거우면 그것으로 충분하다. 누군가 말하지 않았는가. 아무도 보고 있지 않은 것처럼 춤추라고. 어디서도 펼치고 혼자서도 즐길 수 있는 자유로움이 내가 춤을 사랑하는 이유가 되었으니….

생각할수록 예수를 연인으로 둔 그 선배에게 자꾸 질투가 난다. 그녀는 어떻게 사람에게서 예수로 몰입할 수 있었을까? 그 어려운 이동이 가능했을까? 나이가 들면 한 번은 종교에 심취해 보라는 말이 있는데 영혼의 안식과 평화를 찾으란 말이리라. 그런데 나는 아직 그게 잘 안 된다. 예수님과 친해 보려고 성당에서 성경 공부를 6년이나 해보았지만, 뿌리가 약한 나의 신앙은 끊임없이 흔들리고 휘청이고 초라하기 그지없다.

냉담이 일상인 나의 신앙, 어떻게 하면 그에게 단숨에 다가갈 수 있을까? 사랑할 수 있을까? 뿌리 깊은 나무가 될 수 있을까? 그 지극한 사랑을 느껴볼 수 있을까?

예수, 그 사내의 품에 온전히 안겨보는 게 나의 마지막 로망이다. 온 마음으로, 진정으로 후끈 달아오를 날이 꼭 오리라 소망하고 있다.

모든 연애는 남자의 하중을 갈망한다

쿤테라* 씨!

나는 나를 조금 흔들어주는 이를 좋아해요.

살랑바람에 나뭇잎 한 장이 쓱 얼굴을 스치고 지나는 것 같은 낯선 감각,

어! 이거 뭐지? 하고 한 번쯤 돌아보게 하는 그런 정도 말이에요.

그런데 당신은 나를 마구 흔들었어요. 어깨를 잡고 내 눈을 똑바로 봐! 하고 흔들어 댔어요.

잠을 뒤척이고 신열에 들떠 당신한테서 헤어 나오지 못하는 날이 여러 날이었어요. 빠져나오기는커녕 끝도 없는 당신의 심연 속으로 마구 끌려 들어갔죠.

그거 알아요?

아릿한데 쾌감이 있는, 가려운 것 같기도 하고 아픈 것

같기도 한, 묵직한 통증 속에 숨은 알싸함, 중독성이 있는 쓴맛 같은, 당신은 그런 사람이었어요.

누르면 아픈데 그 속에 실려 오는 짜릿한 쾌감 때문에 자꾸만 상처를 건드리게 되는, 그러다 고인 농을 배출하듯 밑바닥에 있는 욕구를 발설하게 되는, 내가 당신한테 중독되어버린 이유도 그거였어요.

당신을 만나버린 지난 몇 달은 태풍이 휘몰아친 것 같았어요. 그래요 태풍이었어요. 내 모럴의 기준을 바닥까지 뒤엎어 의식의 생태계를 새로 만들어 준 태풍…. 당신을 사랑할 수밖에 없게 만들었고 또한 도발하게 했어요.

쿤데라 씨!

모든 연애에서 여자는 남자 육체의 하중을 갈망한다고 하셨지요? 그래서 나는 지금 당신의 무게를 감당하는 중일까요?

오래, 좀 더 깊이 당신을 느끼고 싶어 시간이 멈추는 법을 연구했어요. 당신의 움직임, 미동조차도 놓치지 않으려고 호흡을 멈추고 눈을 감아요. 그 아뜩함을 달리 표현할 길이 없어 그저 눈을 감아요.

왜 자꾸 눈을 감느냐고요?

당신이 그랬잖아요. 얼굴이란 육체적 메커니즘이 집결

된 계기판에 불과하다고. 나는 그 계기판에 의존하지 않고 당신께로 가보고 싶어요. 당신 숨소리, 당신 냄새, 당신 살갗, 당신의 맛, 당신의 가장 깊은 곳, 심연에 내 생을 던져보고 싶어요.

멈추지 말아요. 쿤테라 씨!
육체적 사랑은 폭력 없이 생각할 수 없다는 당신 말은 옳아요.
당신이 힘을 포기하는 건 나의 에로틱한 삶에서 자격을 상실하는 거니까요.
하지만 당신이 내 인생에서 유일한 욕구가 되길 바라진 않아요.
다만 체위를 바꾸어도 도발하지 않는 나의 문장들이 꿈틀꿈틀 살아나길 욕망하고 있는 것뿐이에요.

슬퍼 말아요. 쿤테라 씨!
당신이 더는 내 영감을 흥분시키지 못하는 날이 올지라도 나는 당신의 자세를 기억할 거예요. 우리의 에로틱한 우정을 추억할 거예요.
당신이 그랬잖아요. 모럴은 쾌락 뒤에 풀어놓은 개떼 같아서 왕왕거리며 일생을 쫓아온다고요.

그럴 때마다 나는 도망쳤어요. 배신의 짜릿함을 꿈꾸며 도망치고 또 도망쳤어요. 지키려고, 상처 입지 않으려고, 먼저 버리고 도망쳤어요. 비겁하게.

아무리, 아무리 도망쳐도 늘 제자리인 그곳에서 참을 수 없는 이 실존의 가벼움으로 나는 여전히 당신 무게를 감당하는 중입니다. 갈증이 해소되지 않은 그 아뜩한 무게를….

사랑하는 쿤테라 씨!

당신이라는 책을 읽는 동안 넘겨진 페이지들이 마치 손안에서 소실되는 모래알 같아 움켜쥐고 또 움켜쥐었어요. 소중한 무엇이 자꾸 줄어드는 것 같은 안타까움에 책장을 넘길 수가 없어 왔던 길을 되짚고 되짚길 계속하고 있는 나에게 당신은 내 뒤통수를 툭툭 건드리며 말했죠. "뭐 그리 심각할 건 없어!" 하고.

마치 심장을 관통당한 것 같은 나의 낭패감과 좌절을 당신이 알기나 했을까요? 어떻게 해야 당신처럼, 아니 당신 흉내라도 낼 수 있을까 이글이글 타오르는 질투심을 알아차리기나 했을까요?

당신이 나를 흔든 건 그뿐만이 아니었죠.

살다 보면 가끔 삶 속으로 떠내려온 바구니에 담긴 아기를 받아 안게 되는 일이 있지요. 설명할 수 없는 어떤 힘에

이끌려 온 마음이 그쪽으로, 그쪽으로만 흘러가고 있을 때의 느낌 같은 거요. 사람들은 그걸 운명이라고 하지요.

당신이 내게 그랬습니다. 순간의 몸짓도 눈빛도 놓치지 않고 싶어 점자를 읽듯 더듬어 읽은 나의 독서는 매 순간 당신한테 흔들리고 꺼둘렸어요.

통증이 와야 비로소 제 몸의 존재를 알아채듯 아프게 흔들리며 비로소 나는 깨달았어요. 영원하지 않은 것의 축복, 유한의 삶, 그 존재의 가벼움이란 얼마나 큰 축복인지 말이지요. 삶이 영원하다면 그건 형벌이겠지요. 영원히 돌덩이를 산으로 굴려 올려야 하는 시시포스처럼 말이에요.

존경하는 쿤테라 씨!

여전히 나는 당신의 찬란한 언어를 질투하지만 우리는 분명 시절 인연은 아닌 듯합니다. 만날 땐 태풍 같았지만 평균치를 놓고 보니 당신은 나를 조금 흔들어주었군요. 딱 내가 좋아할 만큼만.

가끔 혼자 있고 싶게 하고, 밑바닥을 들여다보게 하고, 젖게 하고, 무엇보다 감당할 수 있게 해요. 끊임없이 나를 따라다니는 모럴과 굴레의 무게에서도 자유롭게 해요. 당신을 만난 힘이에요.

나는 나를 가장 사랑해요. 그래서 당신을 두 번째쯤 순

위에 둘까 해요. 당신의 하중을 견디며 바닥에 가까울수록 삶에 대한 본능이 더 생생하게 깨어날 수 있도록이요.

없는 존재에 대한 그리움은 그리움으로 둘까 합니다.

결핍의 언어들은 내 가슴과 거래가 성사되는 그때 어떤 이름을 단 존재가 되어주겠지요.

인생은 매일 낯설고, 그래서 매일 설렙니다. 안녕, 쿤테라!

*밀란 쿤테라 『참을 수 없는 존재의 가벼움』 저자

우리 집에 고추가 큰다

화단에 심은 고추가 쑥쑥 큰다.
혼자 사는 여자가
아침마다 와서 음란 행위를 해대서인가

외줄기 고춧대에
딱 두 개 결실만 달더니
이게 날마다 크기를 불린다.

아, 어쩌라고
난 그저
비쩍 마른 대궁에
실한 것을 달고 있는 게 대견해
매일 만져볼 뿐

아, 어쩌라고

솔직히
아무 상상도 안 했다곤 할 수 없다
매울까?
순할까?
언제쯤 따먹으면 제일 맛날까?
제풀에 터질 때까지 두고 볼까?
씨를 받아 종족 보존을 할까?

오늘 아침 내 관음증을
바사삭 깨트린 앙큼한 저것
저 요염한 것

간밤에
노란 달맞이꽃이 흐드러지게
마주 피어있었다

나의 그림 감상법
_이상범의 '산가청운' 앞에서

초막집을 저만치 앞두고
한가득 꼴지게를 지고 가는 촌부.
필시 저 초막에는
온순한 아내가 따뜻한 보리밥을 지어놓고
보글보글 끓는 된장찌개를 들여다보고 있겠지.
아삭하게 익은 열무김치, 동동주 한 사발 놓여진 소반
손끝 야문 아낙의 밥상은 부족함이 없으리라.

낮달은 먼 하늘에 희미하고
매미가 자지러지게 울어대는 한낮
빈 밥상 윗목으로 밀치고
한바탕 정사를 치른 촌부는

문지방을 베고 누워 드르릉 코를 곤다.

부엌에서
치마를 들치고 몰래 뒷물하던 아낙은
저만치
마당에서 졸고 있는 흰둥이에게
괜히
얼굴을 붉힌다.

복잡한 연애

페이스북 프로필에 자신의 결혼과 연애 상태를 쓰는 난이 있다. 여기에 자신의 상태를 '복잡한 연애'라고 표시한 사람이 간혹 있다. 대체로 외국에 거주하는 한국인이거나 외국인인 경우가 많다. 내국인들은 '연애 중'이라고 표기하는 정도다.

복잡한 연애 중이라고 당당하게 표시한 사람들이 참 솔직한 사람들이라는 생각이 든다. 우리나라 정서에서는 몰매 맞기 십상이라 모두 진심을 숨기고 '싱글'이라거나 '결혼'으로 표기한다. 그나마 '연애 중'이라고 표시한 사람은 연인에게 예의를 갖춘 것이리라.

나는 어떤가? 나는 더 비겁하다. 아예 아무것도 표시하지 않았다. 굳이 표시하자면 '폴리 아모리 찬성 주의자'라고 쓰고 싶다. 폴리 아모리(Polyamory), 독점하지 않은 다

자간 연애.

 이런 사랑을 꿈꾸는 사람은 의외로 많다. 윤리적 비난이 두려워 발설하지 못할 뿐이다. 드라마나 영화에서 불륜을 그토록 많이 다루는 것만 봐도 그렇다. '사랑에 빠진 게 죄는 아니잖아!' 하고 아내에게 항변하는 남자의 얼굴엔 진심이 가득하다. 당신도 사랑하고 그녀도 사랑하니 우리 이대로 사랑하게 해줘! 한다. 구속하지 않고, 구속받지 않는 자유로운 연애. 대상은 복수지만 모두 진심이다. 사랑하는 사람이 생기면 독점하고 싶고, 그 사랑에 구속받고 싶은 게 사랑의 속성이다. 그런데 이게 될까?

 폴리 아모리, 어쩌면 더 완벽한 사랑을 꿈꾸는 이들의 방식이 아닐까? 사람이 평생 어떻게 한 사람만 사랑할 수 있는가? 물론 폴리 아모리는 동시다발의 사랑이다. 바람둥이의 변명은 이 사람은 이래서 좋고, 저 사람은 저래서 좋다고 한다. 의지만으로 안 되는 끌림을 어떻게 조절할 수 있느냐고 한다. 비난받을지언정 영 틀린 말은 아닌 듯도 싶다. 동시다발이지만 모두 진심이고 사랑의 깊이도 차이가 없으니 다자간 연애가 가능하다는 것이다. 일부일처제가 인간이 만든 법규 중 가장 악법이라고 항거하는 이들도 있다.

 다자간 연애의 핵심은 비독점이다. 독점하지 않는다는

것은 질투나 구속하고 싶은 마음에서 자유로워야 한다는 것이다. 이 사랑은 엄청난 에너지와 정신력이 요구될까? 반대로 자유롭고 홀가분할까?

폴리 아모리는 서로에게 또 다른 상대가 있다는 사실을 알려야 한다. 그것을 인정해야 폴리 아모리가 성립된다고 한다. 사람의 마음이란 대체로 자신에게는 관대해도 상대의 대상을 받아들이기는 쉽지 않다. 그 자체가 상처가 되는 일이다. 하지만 상대방을 속이고 몰래 하는 사랑보다는 솔직하고 윤리적인 사랑이 아닌가? 이게 내가 폴리 아모리를 찬성하는 이유다. 당신의 속마음은 어떤가?

그리움의 효용 가치

나이가 들면 섹스가 필요해서가 아니라 그리움이 필요해서 연애를 꿈꾼다. 달달하고 애틋한 감정을 유지하고 싶은 것이다. 자꾸만 헐렁해지는 마음에 편안함 말고 그 무엇, 약간의 긴장감, 설렘을 유지하고 싶은 것이다.

그리움의 감정은 외롭고 약간 쓸쓸하다. 쌉싸름한 커피 맛이라 중독성이 있다. 누군가를 그리워할 때 감성은 밭을 갈아 흙을 포실하게 일궈 놓은 봄땅 같다. 어떤 씨앗을 뿌려도 금세 싹을 틔울 것 같이 멜랑꼴리하다. 나는 마음 밭이 이럴 때 글이 잘 써진다. 그리움은 비옥한 농토를 만드는 잘 숙성된 퇴비다.

나이 들어 좋은 건, 편안함이다. 그런데 이 편안함은 부드럽고 달기만 한 음식 같아서 금세 질린다. 가끔은 씹는 맛이 쫄깃한 것, 새콤달콤한 것이 당기기도 한다. 아무리 좋은 것도 세월에 무뎌지고 끊임없이 새로운 것을 추구하는 게 인간의 속성이다. 그것을 성장이나 발전이라 부르기도 한다.

그런데 아무리 세월이 가도 닳아지지 않는 것이 있다. 그리움이다. 그리움의 감성이다. 감성은 나이와 반비례 한다지만 그리움의 감성은 오히려 더 활성화되는 것 같다. 나이가 들면 그리워지는 게 더 많아지는 것을 보면.

한없이 따스했던 엄마의 젖무덤, 소나기에 불어난 내를 업고 건네주던 아버지의 견고한 등, 자전거를 가르쳐 주던 오빠의 외침 소리, 어스름 녘 골목길에 '저녁 먹어라!' 부르던 엄마 목소리, 투닥투닥 생솔가지 타는 연기 속에 흘러내리는 솥의 눈물, 마당에서 펄럭이던 새하얀 옥양목 이불 홑청과 잠자리 앉은 바지랑대 끝 너머로 보이던 파란 가을 하늘빛. 버스 안에서 책가방을 받아주던 남학생의 반듯한 턱선, 눈이 오신다고 수업을 접고 교탁 아래 기타를 꺼내 노래를 불러주시던 첫사랑 선생님, 하염없이 뒤를 따라오던 그 남자의 발걸음 소리….

'이제 모두 와서 마지막으로 아버지를 보거라!' 하시던 어머니의 울음 섞인 목소리, 그 어머니가 갑자기 쓰러지셨다던 청천벽력 같은 소식….

아무리 시간이 흘러도 귀퉁이가 닳지 않는 기억들, 그래서 치매가 와도 노인은 옛것만 기억하나 보다. 그리움을 껴안고 사나 보다.

　아직도 사랑을 꿈꾸는 이유를 더는 설명할 길이 없다. 약간 쓸쓸하고 쌉싸름하고 쫄깃해지고 싶은 감성, 아직도 마음 밭을 포실하게 갈아엎고 싶은 그리움의 효용 가치, 그 보다 더는….

우린 아직 가임기야

그 지긋지긋하던 갱년기마저 끝나고 이젠 노년기로 접어든 육십 대다. 친구들이 모여 앉으면 아직 인정할 수 없는 그 '노년'이란 말에 모두 치를 떤다. 우리가 청춘일 때 얼굴에 주름이 자글자글한 노인들이 '마음은 아직도 청춘'이라고 말할 때 정말 웃겼는데 지금 우리가 그 나이가 되었다며 풀 죽어 있는데 한 친구가 말했다.

'무슨 소리야! 우리 아직 가임기야! 꿈꿀 수 있으면 가임기지!'

'마음은 청춘'도 아니고 아예 가임기라고 외치는 친구 말에 우리는 실소하면서도 어딘가 한줄기 실낱같은 희망이 보이는 것 같았다.

가임기, 배태가 가능한 시기. 무엇을 배태할 수 있다는 뜻이 아닌가? 그렇지! 꿈을 배태하는데 시기가 있는 건 아니지. 희망을 만드는 일은 언제든 할 수 있지. 그런데 우린 지레 주눅 들어 스스로 뒷방으로 물러날 일만 생각하고 있었는지도 모른다.

역시 일체유심조, 마음먹기 나름이다. 갑자기 문 하나가 활짝 열리는 기분이 들었다. 그래서 우리는 이참에 각자 새해 소망 하나씩을 배태시켜보자고 했다.

막상 소망을 말해 보라니까 대부분 건강, 가족 평안, 자식들 잘되는 것 등에서 크게 벗어나지 못했다. 그런데 좀 전에 '가임기'라고 외친 친구가 말했다. '에이, 그런 거 말고 니들 자신만을 위한 뭐 좀 참신한 거 말이야!'

그 친구의 소망은 '연애하기'였다. 모두 손뼉을 치며 부러움 섞인 눈으로 그녀의 다음 말에 주시했다. 오래 싱글로 지던 친구는 자녀들도 독립해 걸릴 게 없었다. 나이는 선택의 기준일 뿐 연애의 장애는 되지 않는다. 얼굴에 내려앉은 세월의 흔적, 반백의 머리를 염색하지 않는 소신파, 운동으로 다져진 곧은 몸매는 매우 당당하고 아름다웠다. 친구의 연애 조건에 대해 우리는 귀를 쫑긋 세웠다.

첫째, 말이 통하는 친구 같은 연인.

둘째, 결혼하지 않고 각자의 주거지에서 '따로 또 함께'가 가능한 사람.

셋째, 취미와 여행을 함께 할 수 있는 동반자.

친구의 연애 기준은 명쾌했다. 연인 관계에서도 각자 경제적으로 자립 되어있어야 당당할 수 있다는 게 그녀의 생각이었다. 서로의 재산을 욕심내서는 결코 멋진 연애가 될 수 없다는 것이다. 맞는 말 같았다.

법적 동거나 결혼 상태가 아니면 자녀들과의 갈등도 빚을 일이 적다. 오히려 재산이 많은 사람이 재혼을 못 하는 경우가 더 많다. 재산이 축날까 봐 걸림돌이 된다. 젊어서는 부모의 결혼 승낙을 받느라 힘들지만 나이 든 부모는 자식들의 승낙을 못 받아 외롭게 사는 이들을 심심찮게 보아왔다.

심지어 재벌 회장님도 황혼에 벗이 되어줄 살가운 여인 하나 곁에 두지 못하고 술 한잔하자며 회사 임원들을 집으로 불러댔다고 한다. 많이 가진 자의 아이러니다.

꼭 돈이 많아야 행복한 건 아니다. 하지만 돈이 없으면 불행하다고 느끼기도 쉽다. 넘치지도, 부족하지도 않을 만큼만 있는 게 가장 적절한 양이 아닐까? 그건 얼마쯤일까? 많으면 많은 대로, 없으면 없는 대로 돈이 중요한 문제이긴 한 것 같다.

친구는 자신은 늘 가임기라고 당당하게 말했다. 아직 꿈을 꿀 수 있고, 그 꿈을 향해 나아갈 수 있는데 어찌 가임기가 아닌가? 라면서.

생각도 삶도 멋진 친구에게 좋은 인연이 꼭 나타나길 진심으로 기원해본다.

나도 친구의 열정에 힘입어 새해 소망 하나를 배태시킨다. 작년에 내고자 했던 책을 올해는 반드시 출산하자는 목표를 착상시킨다. 작심만으로도 슬슬 배가 불러오는 이 배태를 열심히 정진하여 순산을 해보아야겠다. 확실히 우린 아직 가임기가 맞구나 친구야!

개화

자꾸 속이 메슥하다
가슴이 울렁거린다

탱탱하게 부푼
가시내의 붉은 입술 사이로
툭 불거지는
꽃잎 한 장

봄이다

순정한 처녀로 맞는

독일 어느 강변인가
저기 어디쯤 망토를 휘날리며
중세 기사님이 말 달려올 것 같은
숲속 뾰족지붕 첨탑들
하이델베르크, 아도니스, 베르테르의 성

매일 낯선 강물이
물안개로 달려드는 강가
사랑하는 이의 달콤한 품에
온몸으로 안겨있는 남한강
그리움을 들추는 아련한 풍경

다시 생의 테제를 끌어올리는

아, 양평
매일 아침 떨리는 가슴으로 눈을 떠
태초의 처녀로 눈을 떠
순정을 다해 너를 끌어안는
남한강 가의 아침

이런 엄마

 모든 인간에게는 남성성과 여성성이 다 존재하지만, 나이가 들면 그 경계가 모호해진다. 굳이 남성이어야, 여성이어야 할 이유보다는 한 인격으로서 존경받는 노년이 될 수 있다면 멋질 것 같다. 평온하면서도 당당한 모습, 그것이 자식들도 바라는 부모의 노년이 아닐까? 고집불통 원망스럽던 부모도 늙어 초라해진 모습은 더 보기 힘든 게 자식이다. 자기 삶을 증명하려고 옹고집이 되기보단 자연의 순리에 순응하는 모습으로 익어가는 노년이면 좋겠다. 삶의 질이란 인생 경험을 통해 얻은 지혜를 실천하며 사는 것이 아닐까. 경험하고도 고치지 못하는 어리석은 사람은 되지 말아야지 싶다.
 늙는다는 것은 경화되는 것이다. 몸도 굳고 생각도 딱딱해지니 부드러움을 유지하는 것을 매일의 목표로 두어야겠다. 부드러우면서 당당하고 너른 품까지 지닐 수 있다면 얼마나 멋진가.

어른이 없는 현실을 개탄하며 스스로 어른이 되어야겠다고 생각하는 사람은 많지 않은 것 같다. 꼰대와 어른의 차이는 품의 온도가 아닐까 싶다. 너그러움으로 바라보는 눈길, 따뜻하게 지켜보고 박수를 쳐주고, 때론 그건 아니야! 하고 단호하게 말할 줄 아는 어른.

젊은이를 품는 게 쉬운 일은 아니다. 도발적이고 위험하고 불안해 보이는 그들의 언어, 소통방식, 생각들을 이해하기도 쉽지 않다. 세상의 관심을 이해하지 않고는 젊은이들을 이해하기가 어렵다. 내 자식 남 자식 할 것 없이 기성세대에 대한 신뢰가 무너져 때론 무례하고 공격적이지만 어른이라고 함부로 야단치지도, 훈계도 못 하는 세상이다. 마음에 들지 않지만 그래도 귀를 기울이고 소통하려고 애써본다. 소통 없이 품는 일은 진심이 우러나지 않기에.

어릴 적에는 그저 얼굴만 묻어도 모든 속상함이 스르르 녹던 어머니의 무릎이 있었다. 오빠에게 아끼던 것을 빼앗기고도, 친구들과 다투고 억울했던 마음도 그 무릎에 누우면 연기처럼 사그라들던 피안의 무릎. 나는 자식들에게 그런 무릎이 되어주고 있는지 돌아보게 된다.

베이비붐 세대인 나는 빠르게 변하고 있는 시대의 격랑 속에서 가치관의 혼란을 많이 느낀다. 여고 시절 논어를 접하고 공자의 말씀이 세상의 진리라 여긴 적도 있었던 나의 전통적 가치관이 아니더라도 세상은 너무 급격히 변했고 어느 것이 옳은지 답을 찾기 어려울 때도 많다. 하지만 이거 하나만은 예나 지금이나 분명하다. 노년을 주도적으로 살아야겠다는 것. 자식들의 눈치를 보거나 의지하는 삶이 아니라 스스로 자신의 여생을 감당하겠다는 의지. 부모가 주도적으로 되려면 먼저 자식들을 품에서 떼내야 가능한 일이다. 자식들이 주도적 삶을 살아야 부모도 그런 삶이 가능하단 얘기다. 나는 아이들이 20대가 되면서부터 기회가 있을 때마다 말했다. '서른이 되면 결혼 여부와 상관없이 무조건 내 집에서 나가라!'

딸아이는 서른이 되기 직전 결혼해 나갔지만, 아들은 서른이 되던 해에 '우리 엄마는 유난스럽다.'라며 툴툴대며 독립했다. 나는 이보다 먼저 아이들이 학교를 졸업하고 취업을 하자 각자 생활비를 내놓으라고 요구했다. 지금까지 모든 게 공짜였고 심지어 용돈까지 받아 쓰다가 생활비를 내라고 하니 아이들이 몹시 당황스러워했다. 사실 나도 용기가 필요한 말이어서 마음을 단단히 먹고 독한 어미가 되기로 작정한 것이다. 온전한 성인으로서 자신의 삶을 감당하는 자세로 살아주길 바란 마음이었다. 내가 바뀌어야 자녀들에게 새로운 계기를 마련해줄 수 있을 것 같았다.

아들이 독립할 때 그간 받은 생활비를 모아 월세 보증금을 마련해줬다. 아들은 생각보다 더 잘 적응해 나갔고 자기 삶에 대한 책임감 때문인지 훌쩍 성장한 모습을 보여줬다.

부수적인 결과는 뜻밖에 나에게 돌아왔다. 아이들이 모두 독립하고 나니 나의 독립도 저절로 성사된 것이다. 자유가 주어졌다. 얼마 만인가? 혼자 살아볼 자유! 밥을 안 해도 될 자유, 아무도 돌보지 않아도 될 자유! 나도 이제 연애도 하고 여행도 가고 내 욕구에 충실하며 자유롭게 살아야지 생각하니 신이 났다. 엄마에서 다시 여자로 돌아온 기분, 내 욕망에 좀 더 솔직하게 살아야지 싶어 진심 설렜다.

나는 자식들에게 희생하는 엄마 상은 아니다. 자식들에게 제 살을 다 파먹히고 껍데기로 둥둥 떠내려가는 우렁이처럼 살고 싶지는 않았다. 어느 시점이 되면 자식들에게서 손을 떼고 자신을 돌보는 일에 치중해야겠다고 생각했다. 나 스스로 잘 건사하는 일, 그게 결국 자식들을 도와주는 일이라 생각했다. 그게 내가 행복해지는 노후의 삶이라고.

 자식들과 서로 독립한 지 10여 년, 나는 자식들과의 거리를 잘 유지하고 있다. 여백이 있는 거리, 그리워할 시간과 거리를 지키고 있다. 보고 싶어 뛰어가고 싶을 때도 많지만 너무 가까워서 상하지 말고, 너무 멀어져 소원해지지 않을 정도의 거리를 유지하려 애쓴다. 칼릴 지브란도 〈예언자〉에서 말하지 않았나. '사랑하거든 두 사람 사이에 바다와 같은 자유가 뛰놀게 하라!'고.

 나는 당당하고 평온한 엄마로 살다 가고 싶다. 때로 세상에 지친 아이들이 달려오면 얼굴을 묻을 따뜻한 무릎을 지닌 엄마로, 피안의 지대가 되어줄 엄마면 더 바랄 게 없겠다.

꾸덕하다

이순이 넘으니 모든 게 좀 꾸덕하다.

미치게 아름다운 풍광을 봐도, 멋진 사내를 봐도, 심지어 세상의 공분을 살 불의를 봐도 예전 같은 감정이 아니다. 한발 물러선 느낌, 거리의 아량 같은 거랄까. 감정의 물기가 약간 마른 상태, 마음이 꾸덕해진 것 같다.

이불 홑청을 빨아 햇살에 내어 말리면 꾸덕해지다가 이내 바싹해진다. 새하얗게 사각거리는 광목 소리와 빨랫비누 냄새가 좋아 널어놓은 홑청 사이를 뛰어다니며 놀다 바지랑대를 쓰러뜨려 엄마한테 엄청 혼났던 어린 시절 기억이 있다.

설이 다가오면 엄마는 방앗간에 가서 떡가래를 뽑아왔다. 말캉한 떡가래를 큰 고무대야에 길게 늘어놓아 떡이 꾸득해질 때를 기다린다. 떡국 떡으로 썰기 딱 좋은 때를 알기 위해 엄마는 나를 수시로 광으로 보냈다. 떡이 어느 정도 굳었는지 보고 오라는 것이다. 떡이 덜 굳으면 칼에 달라붙어 썰기 힘들고 너무 굳으면 딱딱해서 힘들기 때문에 적당히 꾸득한 상태를 잘 가늠해야 한다. 근데 그걸 내가 잘했다.

사실은 떡이 있는 광에 다람쥐 솔방울 바구니 드나들 듯 나들며 떡을 꺼내먹다 보니 생긴 비결이란 걸 엄마도 알고 있었던 걸까. 겨울철 최고의 먹거리가 가래떡이었다. 따뜻한 아랫목에서 떡을 써는 엄마 옆에 오빠들이랑 모여 앉아 예쁜 모양 떡국 떡을 고르던 그 시절이 그립고 아득하다.

감정의 물기가 꾸덕해지는 게 꼭 노화의 현상만은 아닐 것이다. 세상을 대하는 눈에 나름의 통찰이 생긴 것이리라. 군더더기를 빼고 단순해지고 있음이라.

모든 아름다움에는 거리가 필요하다. 너무 가까우면 잘 보이지 않는다. 벽에 걸린 그림 보는 일도 그러할진대 하물며 사람 간에는 더하지 않겠는가.

가을이 되면 나무가 제 몸의 수분을 줄여 낙엽을 떨구고 겨울을 준비한다. 혹독한 추위에도 얼지 않고 살아남기 위한 자연의 섭리다. 사람도 나이 들어 몸의 수분과 감정의 수분을 줄여가는 것도 자연의 지혜일지 모른다. 적당히 수

분을 날리면 숙성되면서 보존 기간이 늘어나는 것처럼.

 앞만 보며 겁 없이 펄펄 날뛰었던 시절을 이제는 바람에 거풍도 시키고 햇살의 순도도 조절해 숙성시켜 보라는 순리, 꾸득한 진리, 그 아니겠는가.

4부

외로워도 괜찮아

결핍, 상처 그리고 위로

외로워도 괜찮아

 미국인과 결혼해 사는 여고 친구의 미국 집에서 열흘간 지내다 온 적이 있다. 모국어가 그리웠던 친구는 나와 끝없이 수다를 떨며 참으로 행복해했고 나도 그런 친구를 보며 같이 즐거웠다.
 갱년기에 들어선 우리는 할 말도 많았고, 지나온 세월 이야기보따리를 풀어놓고 깔깔대다가 때로 울컥하기도 했다. 그때 나는 한 번도 생각해 보지 못했던 얘기를 친구에게서 듣고 몹시 마음이 아팠다.
 이방인의 삶, 사랑하는 남편도, 내 속으로 낳은 자식도 채워주지 못하는 마음의 공허함을 어찌지 못해 홀로 외로워하던 친구였다. 남매는 모두 장성해 독립했고 남편과 둘이 저택에 사는 친구는 갱년기가 되니 더욱 외롭다고 했다. 미국에서 대학을 졸업했고, 현재까지 미국 고교에서 직장생활하는 친구인데도 모국어가 아니라서 남편과 속 깊은 대화가 안 되는 것 같다는 거다. 미국에서 낳고 제 손으로 키워도 온전히 미국인인 아이들과도 보이지 않는 거리감은 어쩔 수가 없다는 것이다.

친구의 외로움이 생각보다 깊어 보였다. 그것이 순전히 모국어처럼 원활하지 못한 영어를 쓰는 데서 비롯된 것이라 여기고 있었다. 나는 단호하게 말했다.

같은 모국어를 쓰는 부부도 속 깊은 대화가 어려운 건 마찬가지이고, 자식들이 성장하면 저 혼자 큰 듯 품에서 훨훨 떠나간다고, 다 그렇다고.

그 당연한 나의 얘기에 친구는 울었다. 그 얘기가 너무나 위로가 된다는 것이다. 늘 자신이 이방인이어서 그렇다고 생각했다는 것이다. 자신만이 그런 줄 알았다고….

얼마 전 TV의 한 육아 프로그램에서 한국인 남편과 사는 캐나다 출신 엄마가 자녀들을 키우면서 겪는 어려움을 보다가 친구의 그 말이 다시 떠올랐다. 한국에서 자라며 한국어를 쓰는 아이들은 한국어가 서툰 엄마와 대화하기를 꺼렸고, 심지어 무시까지 했다. 육아 전문가는 언어가 서툴면 깊은 대화가 어려워서 아이들과 정서적 소통이 어려울 뿐만 아니라, 말에 무게도 실리지 않아 육아에 어려움이 있다고 했다. 엄마는 점점 섬이 되어가고 있었다.

전문가는 해결 처방으로 부부와 아이들에게 두 나라의 언어를 모두 배우는 데 힘쓰라고 알려주었고, 그 가족들의 소통은 점차 좋아지는 결과를 보여주었다. 그때 나는 친구의 외로움이 어디서 기인했는지 비로소 확연해지는 느낌이었다. 친구는 아이들에게 전혀 한국어를 가르치지 않았고 오직 영어로만 소통했다. 30여 년을 함께 산 남편도 한국어를 전혀 하지 못했다. 친구는 자신만 영어를 잘 하면 된다고 생각했나 보았다.

언어는 그 나라의 정서와 감성을 담고 있다. 언어가 표현할 수 있는 폭은 정서적 표현 부분이 많다. 영어로는 감정이 풍부한 우리말을 다 담지 못하고 우리말로도 영어권의 정서를 다 표현하기 어렵다. 말이 곧 문화이기 때문이다. 우리말에는 축약도 많아 그것에 포함된 많은 느낌을 다른 언어로 담기 어려워 한국문학이 노벨문학상을 받지 못하는 이유가 된다는 것만 봐도 그렇다.

미국 친구도 나도 이제 육십을 넘긴 나이를 살고 있다. 근처에 사는 아들 부부가 외출한다고 손주를 봐달라고 해서 종일 봐줬더니 돌아온 며느리가 자신들은 저녁을 먹고 왔으니 수기(친구 이름)는 집에 가서 먹으라고 하더란다. 기가 막혔지만 이게 미국 며느리라며 웃어넘길 줄도 아는 나이가 되어있다.

친구의 외로움이 어느 정도 채워졌는지 잘 모르겠다. 어쩌면 영원히 채워지지 않을 공허함인지도 모른다. 그게 어디 친구만의 일일까. 우리는 모두, 한 곳이 텅 비어있는 근원적 외로움을 안고 살아가고 있다. 하지만 대수랴! 그 헛헛함, 결핍, 상처, 고독함으로 채워진 오래되고 깊은 우물에서 우리는 감성을, 눈물을, 그리움을 길어 올려 성장을 일궈내는 자양분으로 쓴다. 상처 없는 영혼은 없다. 상처 속에 머물러 있을 것인지, 성장의 동력으로 쓸 것인지는 온전히 자신의 몫이다. 인간은 근원적으로 결핍하기에 끊임없이 사랑을 꿈꾼다. 하느님이 아담과 이브를 만들 때부터 그렇게 만들어놓으셨다. 서로 기대어 살라고 더불어 살아가라고. 그래서 고통의 삶 속에 '사랑'이라는 키워드를 숨겨놓으셨나 보다.

먹어 치워라!

 명절을 지내고 냉장고 파먹기 일주일째, 그런데 영 줄지가 않는다. 내친김에 냉동고까지 파다 보니 앞으로 일주일을 더해도 생각만큼 줄어들지 않을 것 같다. 냉장고가 가득 차 있으면 위장이 그득한 것처럼 더부룩하다. 그런데도 전원생활을 하면서 냉장고를 채워놓아야 안심이니 틈새 없이 꽉 차 있을 때가 많다. 나는 먹는 걸 참 좋아하지만 먹고 싶지 않은 건 절대 안 먹겠다는 게 내 위장 신조다.
 젤 싫어하는 말은 '먹어 치워라!'이다. 왜 쓰레기를 위장에다 버리나? 아깝다고 위장에다 버리면 몸의 장기들은 그것을 처리하기 위해 엄청난 일을 감당해야 한다. 결국, 건강을 해치는 행위다. 먹고 싶은 것만으로 채우기도 벅찬 위장이다. 버려지는 음식물 쓰레기가 얼마며 이게 얼마나 큰 문제인지, 농부의 땀방울에 대한 숭고한 의미는 충분히 알만한, 나는 농부의 딸로 자랐다. 그런데도 '먹어 치우는' 게 세상 싫은 사람이 된 건 느리게 먹는 내 식습관 때문이리라.

명절이면 시댁에 모이는 식구가 스무 명이나 되었다. 오 형제의 셋째 며느리였던 나는 밥을 몹시 느리게 먹는 습관이 있는데, 세 군데에 차려진 밥상에서 식구들이 다 일어선 뒤에도 항상 꼴찌로 남아 먹고 있는 사람이 나였다. 며느리들은 식구들 밥상에 모자라는 건 없는지 수시로 챙기고, 아이들 밥 먹여가며 식사를 하다 보니 더욱 느렸다. 동서들은 수저를 놓자마자 식사가 끝나지 않은 사람을 두고 먼저 일어나 등 뒤에서 북적북적 설거지를 시작했다. 설거짓거리도 많은데 그냥 멀뚱히 앉아있는 것이 민망했을 것이다. 그것이 불편했던 신혼 때의 나는 중간에 수저를 놓기도 했고, 체하는 일이 한두 번이 아니었는데 시간이 지나니 끝까지 앉아 먹는 배짱이 생겼다.

그런데 정말 참을 수 없는 건 시어머님이 다른 상에서 먹다 남은 음식을 늦게까지 먹고 있는 내 앞에 갖다 놓으며 '먹어 치워라!' 하시는 거였다. 나는 그게 천천히 먹는 대가로 치르는 벌칙처럼 느껴져 그때부터 밥맛이 싹 가셨다. 하지만 그때는 말하지 못했다. '제 위장은 음식물 쓰레기통이 아니에요!'라고.

음식을 천천히 먹는 습관은 친정집의 가풍 같은 것이다. 결혼 전까지만 해도 나는 내가 밥을 느리게 먹는지 몰랐다. 우리 집에서는 모두가 그랬고 밥상에 앉아 대화하는 일이 가장 즐거운 시간이었으니까. 어릴 적 엄마 아버지가 나누던 밥상 대화에서 우리는 옳고 그름을 판단했고, 식구들이 무얼 하며 지내는지, 어떤 생각을 하고 있는지 대부분 밥상머리에서 알게 되었다. 나는 초등학교에 들어가기 전에 이미 친족 관계의 촌수 따지는 법을 훤히 꿰고 있었는데 그걸 모르면 상놈의 자손이라는 아버지의 밥상머리 교육을 일찍이 터득한 덕분이었다. 친척이 많았던 집안에서 촌수를 모르는 일은 단번에 상것으로 치부되었다. 아버지가 우리에게 하시는 가장 큰 질책은 '상놈이나 하는 짓'이었다. 자연 우리 육 남매의 모럴은 그걸 기준으로 고착되었고, 모든 허물 중 가장 큰 허물은 '상놈 짓'이었다.

그렇다고 우리 집이 양반가로 이름난 명문가인지는 잘 모르겠다. 다만 고려말의 재상 익재 이제현의 38대손이라고 아버지가 수시로 일러주셨고, 지차이신 아버지가 큰댁으로 제사를 모시러 가거나 가을이면 어머니가 곱게 풀 먹여 다듬이한 옥양목 두루마기에 두건을 쓰시고 경주에 있는 경주 이씨 재실로 제를 지내러 가시는 모습 말고는 딱히 양반 가문인지 어떤지는 모르고 살았다. 내가 가문에 대해 자긍심을 느낀 건 대학 때 국문학을 전공하며 익재 이제현의 문학에 관한 공부를 하면서다. 고려말의 대문장가였던 익재 선생이 우리 할아버지의 할아버지 할아버지였다는 사실이 어쩌면 지금 내가 문학을 하는 것과 일맥이 상통하는 게 아닐까 하는 일말의 자부심 같은 거.

아버지는 양반에 대한 자부심이 크셨고, 중매로 결혼하는 내게 시댁보다 우리 가문이 낫다는 말씀을 여러 차례 해주셨다. 직장생활을 하던 중 어쩌다 마담뚜의 눈에 들어 지방 도시 재계 몇 위라는 집안에 시집가는 딸에게 기죽지 말라고 자부심을 심어주려 하셨음일까. 딸자식 낳으면 남의 집 맏며느리로 보내야 자식 둔 보람이라시던 아버지는 막내딸을 셋째 며느리로 보내는 걸 아쉬워하셨다. 하지만 양복 쫙 빼입으신 시아버지와 호텔에서 두루마기 차림으로 대좌하시면서도 참 당당하신 분이셨다. 재력 앞에 조금도 주눅 들지 않는 아버지의 그 당당함이, 양반스러움이 나는 처음으로 자랑스러웠다. 나는 누구보다 자유로운 아방가르더를 꿈꾸며 살았지만 돌아보니 아버지가 쳐둔 모럴의 어떤 선도 벗어나지 못하고 산 듯하다.

막내라는 이유로 맛있는 것은 늘 내 차지였던 걸 보면 최소한 나는 양친과 형제자매들에게 사랑받으며 자란 것 같다. 과수원을 하셨던 아버지는 내가 과수원에 놀러 가면 가끔 크고 잘 익은 사과를 따주셨다. 좋은 건 내다 팔아야 한다는 엄마의 성화에 내 새끼한테도 젤 좋은 놈을 먹여봐야지 하셨다. 나의 자존감을 쑥쑥 키워준 건 팔 할이 아버지의 사과다. 식구들 밥상이 비좁을 때면 막내인 내가 아버지와 겸상을 했다. 늘 양반스러움을 강조하셨던 분이지만 술은 어른에게 배워야 한다며 어린 내게도 술잔을 건네주셨고, 언제나 잘했다, 잘했다 격려해주던 다감한 분이셨다.

밥상의 즐거움이 사라지기 시작한 건 결혼 후 시댁 밥상머리에서부터다. 시댁의 밥상은 화려했지만 늘 어려웠다. 시댁의 가풍에 따라 신혼 첫 삼 개월을 시댁에서 지냈다. 신랑은 직장이 있는 서울에 있고 나만 지방인 시댁에서 소위 시집살이했다. 하지만 일하는 사람도 있고 시아버님도 자상하셔서 딱히 힘든 건 없었다. 그런데 나의 환상이 깨어지는 충격은 엉뚱한 데서 일어났다. '맛있는 건 언제나 내 차지'이던 막내의 환상이 단번에 깨지는 사건이 생긴 것이다. 당시 나로선 처음 보는 수입 스팸 통조림을, 그 맛난 햄을 시어머님이 막내 시동생에게만 구워주시는 거였다. 당시는 물감 색소로 맛을 낸 소시지도 귀하던 팔십년대 초반, 시어머니가 비공식으로 들여온 수입품을 팔던

도깨비시장에서 사 온 스팸 통조림을 막내 시동생에게만 주시는 거였다. 친정집에선 당연히 내 몫이었던 맛난 것들이 이젠 내 몫이 아닐뿐더러 나눠주지도 않는다는 데에 나는 문화적 충격을 받았다. 그때 나는 처음으로 더는 막내딸이 아니라 '며느리'가 되었음을 실감했고 이제부터는 어른의 이름으로 살아야 한다는 것을 깨닫는 사건이었다.

  사람은 참 유치할 정도로 먹는 것에 탐닉한다. 인생이란 게 어쩌면 먹고살기 위해 사는 것인지 모르겠다. 그래서 '먹고살기 위해'라는 말에는 범죄에도 마음이 녹아지나 보다. 그런데 '먹어 치워라!'라는 말에는 묘한 반감이 든다. 싫은 걸 억지로 하라는 명령이 들어있어서일까? 좋아하던 음식도 금방 입맛이 뚝 떨어지고 수저를 놓게 만든다. 하지만 냉장고를 파먹는 일에는 쾌감이 있다. 냉장고 안에 공간이 생기는 즐거움도 있고 다시 새로운 것으로 채울 설렘도 있다. 비우기 위해 먹는다고 아무렇게나 먹지는 않는다. 있는 재료로 최대한 맛있게, 멋있게 먹기 위해 요리한다. 자신을 위해 요리할 때보다 사랑하는 사람들을 위해 요리할 때 더욱 신명이 나지만 때때로 나는 정성을 다해 밥상을 차리고 나를 대접한다. 수고한 내 인생에게, 여기까지 씩씩하게 와준 자신에게, 그리고 우리 부모님이 사랑해주신 나라는 존재에 대해 경의를 표한다. 지금은 모두 돌아가셨지만 지금 내가 별 탈 없이 사는 것, 그게 효도라는 생각에는 변함이 없다. 나도 부모가 되어 보니 그 지극한 마음을 알 것 같다.

 오늘은 엄마 아버지가 몹시 보고 싶다. 막내딸이 잘 나이 먹어가고 있다고 보여드리러 가야겠다. 엄마가 좋아하는 꽃 한 다발과 아버지가 즐기시던 경주법주 한 병 사 들고 가톨릭 묘원으로 가을 나들이 가야겠다.

늙어갈 수 있어서 다행이야

　오십이만오천육백 시간을 달려 다다른 육십, 여기까지 오기 위해 소비한 젊음과 청춘은 얼마였던가. 소모한 열정과 육체는 얼마였던가. 한데를 떠돌면서 시달린 유혹과 견딘 욕망은 또 얼마였던가.
　지나온 시간만큼 낡고 헐거워진 뒤에야, 이제야 나를 들여다본다. 비록 육신은 낡고 누추해졌으나 누구의 눈치도 보지 않는, 쫄지않은 내 마음이 거기 있다. 원하는 것들이 확연해진 말간 내 마음이 거기 있다.
　내 얼굴의 잡티도 남의 얼굴의 티끌도 잘 안 보이는 흐려진 시력, 바깥 소음보다 내 안의 소음이 더 시끄러운 청력, 저자의 땀 냄새에도 무뎌진 후각이 노화라 생각지 않기로 했다. 다소 불편함 뒤에 따르는 평온이, 세월의 순리가 축복 같을 때가 더 많으니까.

까칠한 젊음을 지나 다다른 느긋한 육십 대. 이제 함부로 뜨거워도 걸릴 게 없는 나이지만 쉬 데워지지 않는 건 좀 서글프기도 하다. 선배들이 나이 들어서 좋다, 늙어서 좋다고 말할 때 늙음을 위안 삼는 말치레인 줄만 알았다. 그런데 이제는 그 말의 진심을 알고도 남는다. 육십은 넘어야 숨이 좀 죽는다는 걸 안다. 빳빳하게 풀 먹인 광목 이불 홑청에 푸우! 하고 물을 뿜은 것처럼 객기를 빼고 제 본연의 모습을 드러낸다. 다듬잇돌 위에 놓아 수십 수백 번의 방망이질로 담금질 된 뒤에야 편편하게 골라진 홑청처럼 비로소 문풍지 같은 맑은 사그락 소리를 낼 수 있게 된다. 제소리를 내게 된다.

시간에 담금질 되어 다다른 나이는 쉬 들끓지 않는다. 한발 물러서서 보는 아량이 있고 제 부끄러운 경험이 비추어져 고개를 주억거리게 된다. 서론 본론을 거쳐 이제 결론을 쏠 차례가 왔음을 아는 나이다. 인생의 말미를 쓰는 사람이 제 눈에서 쌍심지를 뽑지 않고서야 무엇을 얻을 수 있겠는가.

사십 대에 낸 나의 첫 책 〈중년으로 살아내기〉가 청춘을 소비하며 살던 고통과 욕망을 담았다면, 오십 대에 낸 두 번째 책 〈헤이, 하고 네가 나를 부를 때〉에는 허영과 욕망이 내 삶의 에너지였다는 고통스러운 고백이 담겨있다.

둘 다 비장하고 처절했다. 반면 육십 대에 쓰는 지금의 글들은 대체로 평온하고 자족하는 걸 보니 생전 어머니의 기도가 닿았구나! 믿어진다. 어려서 늘 어머니의 기도 소리에 잠을 깨던 그 기도가 내 삶을 토닥이고 있었다는 걸···.

그 누구의 삶도 길 없는 길을 간다. 똑같은 인생은 단 한 하나도 없다. 오십이만오천육백 시간, 길 없는 길을 잘 달려와 무장 해제하고 살 수 있는 육십 대를 맞은 것이 참 감사하다. 이렇게 늙어갈 수 있어서 얼마나 다행인가. 이제 다시 백세 인생을 향한 출발점에 섰다 할지라도 더는 두렵지 않을 수 있을 것 같다.

욕망의 언저리에서

나는 명품이 좋다. 명품을 좋아하지 않는 사람이 있을까? 가지지 못하는 것에 대한 열패감이거나 그걸 선망하는 것이 왠지 속물의 감정만 같아 지레 명품이 싫다고 말하는 건 아닐까?
 더 나은 것, 더 좋은 것을 추구하는 건 인간의 본능이다. 닿을 수 없는 것에 닿고자 하는 욕망이 의욕을 부르고 열정 나게 하고 뛰게 만든다. 결핍이 동기를 만드는 진리다.
 여인들이 똑같은 옷, 비슷비슷한 백을 들고 다녀도 아무렇지도 않았다면 인류에게서 패션이나 디자인과 같은 아름다움은 진화하지 못했을 것이다. 여인들의 욕망이 세상을 아름답게 만들고 그 여인들의 욕망을 채워주기 위해 사내들은 또 사내다워지는 것이다. 불끈해지는 것이다.
 육십이 넘고 일에서 은퇴한 후 나는 욕망에서 내려왔다

고 생각했다. 그런데 내려온 것이 아니라 다른 것으로 이동했을 뿐 사라지지 않았다는 걸 깨닫는 데는 그리 오래 걸리지 않았다. 꿈꾸기를 멈추지 않는 한 욕망은 멈춰지지 않는 것이며 그걸 멈추는 것은 생동이 정지되는, 그 다름이 아니다.

요즘 내가 추구하는 욕망은 명품의 삶이다. 이제야, 육십 정도는 살아내야 추구할 수 있는 진짜 나의 삶 말이다. 자식들도 다 제 삶을 살고 생업도 나를 부르지 않고 세상도 나를 닦달하지 않는 은퇴의 삶, 이보다 평화로울 순 없다. 이제야 비로소 온전히 자신에게 몰입하며 가슴의 소리에 귀 기울인다. 나에게 제일 맛 나는 것을 먹이고 젤 좋은 것을 입히고 내가 일 순위인 삶을 산다.

살아오면서 경험한 것들을 뭉쳐 무슨 빛깔의 글 보석을 빚어볼까 고민하는 하루하루가 두근거리고 아름답다. 굳이 빚지 않아도 영롱한 추억들을 꺼내 친구들과 수다 한판으로 저무는 일상도 명품, 그 이상이다.

예술과 명품의 공통점은 희소가치일 것이다. 나는 나의 명품을 내 안에서 꺼낸다. 나는 이미 많은 것을 가지고 있다. 육십 년을 넘게 모아온 추억 창고에 무엇이 없을까. 성공은 없을까. 실패는 없을까. 사랑과 이별은 어디 한두 번뿐이겠는가.

추억 부자가 진짜 부자라 했다. 나는 부자다. 내 삶의 흔적, 나만의 보고에서 오늘은 무엇을 꺼낼까 설레는 시간, 나는 이때 흥분된다. 세상에 단 하나뿐인 나의 생, 그것이 나의 명품이다. 내가 가장 사랑하는 내 인생이다.

나의 유통기한

배는 고픈데 입맛이 없다. 그래도 뭐라도 먹어야겠기에 냉장고를 뒤적거리다 보니 연말 송년 파티 때 아들이 준비해와 만들어 준 어복쟁반 식재료 몇 가지가 남아있다.

그때 맛있게 먹었던 터라 남은 재료로 흉내나 내볼까 꺼내 보니 삶은 편육과 스지, 불린 당면, 버섯, 육수까지 고스란히 남아있었다. 날짜를 되짚어보니 열흘이 넘었다. 재료가 밀폐 용기에 잘 보관되었다고 해도 냉동이 아닌 냉장이라 버려야겠다고 생각했다.

그런데 음식 재료의 상태를 살펴보니 너무나 멀쩡하다. 버리기엔 너무 아깝다는 생각이 드니 갈등이 생긴다. 끓여 먹는 음식이니 일단 조리해보자 맘먹고 전골냄비에 담았다. 채소 칸을 뒤져보니 이웃이 김장하고 남았다며 준 배추가 신문지에 싸져 있다. 두 달은 족히 된 가을배추도 모양이 멀쩡하기에 씻고 자르고 해서 재료에 넣었다.

　조리되는 동안 찍어 먹을 소스를 찾아보니 개봉도 하지 않은 샤부샤부 소스가 나온다. 유통기한을 보니 1년도 훨씬 지나있다. 개봉을 지금 했으니 먹어도 되겠지? 혼자 기준을 합리화시키며 소스를 따른다. 손가락으로 찍어 먹어보니 딱히 상한 것 같지는 않다. 끓인 전골을 찜찜한 마음으로 몇 점 건져 먹어보니 도무지 무슨 맛인지 아무 맛도 느껴지지 않는다. 입맛도 없지만, 마음이 이미 음식을 거부하고 있다. 눈은 속여도 마음을 속이지는 못하는가 보다. 젓가락을 내려놓고 끓여놓은 뱅쇼 한 잔을 뜨겁게 다시 데우고 까망베르 치즈를 자른다. 치즈도 유통기한이 간당간당한다. 냉장고에서 포도를 꺼내 씻으니 알맹이가 우수수 떨어지는 것이 절반도 넘는다. 이건 또 언제의 것일까? 어느 하나 기한을 넘지 않은 것이 없다. 혼자 먹는 나의 냉장고는 늘 버리는 게 반이다. 아무리 조금씩 사다 놓겠다 마음먹어도 전원살이를 하다 보니 자꾸 쟁여두게 된다. 그래야 안심이 되니 어쩌랴.

　농부의 딸로 자란 나는 음식을 버릴 때 죄의식이 크다. 그래서 웬만큼 유통기한이 지난 건 그냥 먹어 치운다. 다행히 여태 그걸로 탈이 난 적은 없으니 유통기한을 더 우습게 여기나 보다.

요즘은 자꾸 즉석식품을 사게 된다. 기간에 상관없이 먹을 수 있는 것들이나 냉동식품들이다. 이것들 역시 유통기한이 얼마 남지 않은 것들부터 먹다 보니 언젠가부터 신선한 음식을 즐긴다기보다 먹어 치운다는 느낌이 더 많다.

유통기한은 판매할 수 있는 기한이다. 먹을 수 있는 기한은 아니다. 그러나 남아있는 쓸모의 기한인 것은 분명하다. 제품은 돈으로 환산될 수 있는 가치가 있을 때 상품이다. 기한이 지나면 생명력을 잃은 것이다. 사실 사과는 조금 썩은 게 더 달고 감자도 썩은 게 맛있다. 과수원집 딸이었던 나는 말짱한 사과보다 한 쪽이 썩은 사과를 좋아했다. 그게 더 달고 맛있다는 걸 알기 때문이다. 그런 사과는 마트에서 살 수도 없다. 상품 가치가 없으니 유통이 안 되는 것이다. 겉모양이나 유통기한만이 가치 기준의 다가 아닌데도 말이다. 가치, 사람의 가치는 무엇으로 정해질까? 유통기한은 또 언제까지일까? 육십이 넘은 나의 유통기한은 얼마나 남았을까? 나의 가치와 유통기한은 무엇으로 정해질까? 식품은 봉인되는 순간 유통기한이 시작되는데 사람은 온기를 유지하는 한 살아있는 것인가? 사실 흠결이 옹이가 된 인생이 더 향기로울 수 있는데 하고 생각하다가 전골을 싱크대에 쏟아부었다. 에잇, 그래도 상한 것은 먹으면 안 되지!

배설의 기쁨

새벽에 잠 깨어
무심히 흘러가는 가을 강을 바라보고 있다.
뜬금없이 용서하고 싶지 않은 얼굴들이 떠오른다.

시 낭송 버벅댄다고 지적질하던 아량 없는 선배,
 알량한 자리 차지하겠다고 눈 똑바로 뜨고 대들던 당돌한 후배,
 눈길을 거두던 사랑했던 이의 비겁한 뒷모습….

아, 이제야 내가 사람이 되어 가나 보다.
가을빛에 영그나 보다.

미워하면 안 된다고, 참아야 한다고

그래야 지성인이라고,
세뇌당해온 것들의 빗장이 풀리며
저 아래에서 올라오는 욕지기를
실컷 뱉어내고 나니
아, 이제 내가 사람 같다.
이제야 좀 사람 같다.

역시 배출해야 깨끗하다.
배설해야 시원하다

아, 가을이다!

가족 대상 시상식

성탄절을 함께 보내기 위해 아이들이 모두 왔다.
신난다!
내가 누군가!
나는 왕년의 이벤트 여왕!
믿거나 말거나.

나는 주제를 만들어 노는 걸 좋아한다.
그래 준비했지 가족 대상 시상식!

아들, 딸, 사위, 손녀에게 줄 상장을 만들고 낙관도 찍었다.
그럴싸하다.
부상은 백화점 상품권이다.
현금으로 주면 살림에 보탤 게 뻔해

갖고 싶은 거 하나씩 사라고
백화점 상품권으로 준비했다.

다정한 아들상
예쁜 효녀상
멋진 아빠상
예쁜 사랑둥이상

이벤트를 쑥스러워하는 아이들이라 요란하지 않게 꺼냈다.
뜻밖에 아이들이 무척 좋아한다. 역시 당근은 힘이 세다.

그럼 나는 어떤 상을 받았느냐고?
이걸 준비하면서 느낀 행복이지.
백화점 상품권 몇 장과 어찌 비교할 수 있겠어.
이만하면 대상은 내가 받은 게 맞지?

시간이 만들어 낸 나의 무늬

나이가 든다는 것은 시간을 태워 무늬를 얻어내는 일이다. 우리의 시간은 하릴없이 그저 흘러간 것이 아니다. 우리가 멍때리고 있던 시간도, 누구를 증오하고 악다구니를 퍼붓던 시간도, 한강 다리에서 뛰어내리고 싶던 그 절체절명의 시간도, 아이에게 젖을 물리며 오물거리는 볼따구니를 쓰다듬던 평화롭고 충만하던 시간도, 사랑하는 이의 눈에 비친 사랑스럽던 내 모습도 모두 세월이라는 이름으로 나에게 무늬져 있다.

지금 나의 모습은 온전히 내가 만들어 낸 것도 있고, 그저 흐른 시간과 결합하여 절로 빚어진 것도 있다. 부끄럽고 남루하든, 옹이 지고 비틀어졌든, 흑백의 우아함이든 총천연색의 화려함이든 자신이 만든 시간의 무늬에서 그 누구도 자유로울 수 없다. 그 결과에서 지혜를 얻는지 못

얻는지는 순전히 나의 몫이다.

젊어서는 지혜라는 게 반드시 교훈적이거나 반짝거리는 것이어야 가치가 있다고 생각했다. 그게 다가 아니란 걸 알게 된 게 나이 들어 얻은 지혜라면 지혜다. 그저 무심히 흘러간 시간은 그것대로 가치 있었고, 방향을 잃고 서성대며 바보 같은 자신을 자책하던 지질한 시간도 내 삶의 중요한 한 시절이었다. 어느 순간 내 뺨을 스쳐 간 한 줄기 바람도 모두 내 삶에 무늬가 되었다는 것을 알게 한 세월의 지혜다.

그럼에도 끊임없이 흔들리는 게 사람인지라 쓸데없이 마음이 뾰족해져 까다롭고, 노여움이 많아지는 날은 내가 잘못 무늬지고 있는 게 아닌가 돌아보게 된다. 돌아볼 줄만 아는 삶이면 족하겠다.

가을 목수국

무엇이 부끄러워 고개 숙였니
발그레 얼굴까지 붉히고

세상일에 귀 닫고 눈 감은
나도 고개 뻣뻣이 사는데

너는 소란한 소나기에
고개를 숙였구나
부끄러워하는구나

내 잘못 아니고도 부끄러워할 줄 아는
너는
잘못 산 이들의 스승이구나

나의 스승이구나

날씨가 좋아서요

퍼팅을 하고 있는데
카트에서 전화벨 소리가 들린다

땡그랑 파!
기분 좋게 달려가 전화를 받으니
아들이다

왜?

날씨가 너무 좋아서요!

ㅎㅎㅎ
멋진 녀석!

날씨 좋다고 엄마에게 전화하는

아들 또 있음 나와 봐!

전화 한 통에도
이리 흥분하는 나는
부인할 수 없는 아들 바보 같지만

사실 우리는 데면데면한
모자지간

한 달에 한두 번 통화할까?
그래도 탓하지 않는,
내키지 않은 것을 요구하지 않는 사이

다만 그 사랑을 의심치 않을 뿐.

5부

부끄러움에 기대어

성장하는 사람은 늙지 않는다

부끄러움에 기대어

여기쯤까지 와보니, 혼자 온 게 아니었다. 어느 한순간도 혼자였던 적이 없었다는 생각이 요즘 든다. 속울음을 삼키며 스스로 제 어깨를 두드리며 살아온 세월도, 발길질해대고 싶었던 그 순간에도 나는 혼자가 아니었음을 이제야 느낀다.

한 사람의 일생이란 얼마나 많은 따뜻한 눈길과 응원으로 이뤄지는가. 그걸 아는 데 한 육십 년쯤 걸리는가 보다. 육십이 넘어서야 비로소 조금 알 것 같다. 내 삶에 무늬 진 그 고마운 손길, 눈길들을 하나하나 세며 남은 시간을 걸어가야지 싶어 진다.

그런데도 자꾸 꼰대가 되어가고 있다. 나도 모르게 튀어나온 꼰대질이 잠자리에 누워서야 반성으로 다가온다. 낮에 뱉어버린 말이 낯뜨거워 이불을 머리끝까지 끌어올린다. 하지만 부끄러움은 두꺼운 이불도 가려주지 못한다.

살아온 날들의 알량한 행적, 별 내세울 것도 없는 그걸 코에 걸고 나는 또 잘난 체를 했다. 벌떡 일어나 사과 문자를 보냈다. 부끄러움이라는 마지막 희망만은 놓지 않으려고, 부끄러움에라도 기대야 좀 잘 수 있을 것 같아서…. 그 또한 나를 위한 선택이었다.

인간은 얼마나 이기적인가? 나와 다른 생각들은 왜 그렇게 용납하기 어려운가? 나를 알아주지 않는 것이 왜 그토록 노여운가? 내가 부족한 것이 들키는 게 왜 그토록 두려운가 말이다. 누구를 동정하기는 쉽다. 돕기도 쉽다. 그러나 자신보다 잘난 꼴을 인정하는 건 몹시 어렵다. 얼마나 못난 짓인가? 얼마나 지질한가 말이다.

기억하든 못하든 나의 인생은 수많은 사람과의 인연으로 점철돼 있다. 그중에는 좋은 인연도 나쁜 인연도 섞여 있다. 악연이 선연을 돋보이게 해주었으니 그 또한 선연이라 해야 하나?

돌아보면 아직도 용서되지 않는 인연도 있다. 자다가도 이불킥을 한다. 하지만 용서하려 애쓴다. 진짜 애쓴다. 그걸 내려놓지 않고는 내가 평화로울 수 없기 때문이다. 그게 전부다. 자비심? 그건 내게 허영일뿐이다.

어깨에서 교만의 힘줄이 빠지는 날은 언제쯤 올까? '내가'라는 교만의 쇠심줄은 어떻게 뽑을 수 있을까? 종교나 책이나 좋은 말씀들에서 얻는 깨달음은 쉬 흐트러졌다. 그래서 끊임없는 정진이 필요하겠지만 삶 속 경험에서 한 대씩 얻어맞은 건 평생 잊히지 않는다. 경험이 최고의 스승인가 보다. 그러니 스승은 도처에 있을 것이라 믿어본다. 부끄러움이라는 스승에 기대어 조심스레 걸어 보아야겠다.

 써놓고 보니 나 좀 멋진 것 같다! 아, 또 나댄다! 이 꼰댓병! 시끄럿! 닥쳐!

내 몫

신문에서 한 일용직 건설노동자의 글을 읽고 먹먹한 감동이 밀려왔다.

"내가 일하기 전 누군가는 나의 길을 준비하고 있다. 철근공이 들어가기 전 목수가 터를 잡고, 목수가 일하기 전에 먹줄을 놓는 사람의 수고가 있어야 한다. 나의 역할을 다해야 다른 사람이 일하기 편하다."

건설 현장에서도 이렇듯 내가 걸어온 삶에도 누군가가 길을 내고, 그전에 돌을 고르고 눈물로 닦아온 삶이 있지 않았을까? 그렇게 만들어진 길을 내가 걸어왔다는 생각이 들었다. 지금의 내가 나 혼자로 만들어진 인생이 아니듯이 말이다.

요즘은 내 삶에 촘촘히 들어찬 많은 이들을 생각하게 된다. 좋은 인연이었던 사람들은 나를 신명 나게 했고 세상을 아름답게 보게 하고 인간에 대한 신뢰를 주었다. 하지만 악연이었던 사람은 인간에 대한 불신과 두려움, 그리고 깊은 상처를 남겼고 세상이 만만치 않다는 뼈 아픈 교훈도 주었다. 돌이켜보면 그 모두가 내게 피가 되고 살이 되었음을 부인하지 못한다. 하지만 사람은 누구나 고통스럽거나 상처받는 것을 원치 않는다. 내 앞에 맞닥트렸으니 어쩔 수 없이 견뎠을 뿐이다. 후일 그 고통이 약이 된다고 해도 당장은 피하고 싶은 게 인지상정이다.

나이가 드니 고통의 기억도 희미해져 간다. 통증의 실체가 무뎌진 것도 있지만 그보다 그때는 그게 왜 그리 힘들었을까 싶은 것도 있다. 나이가 주는 혜안 같은 걸까? 물론 사십 대에 어찌 육십 대의 여유가 있겠는가? 그때는 피가 뚝뚝 떨어지게 아팠던 게 당연한지 모른다. 하지만 지금이라면 담담하게 받아들였을 것도 같다.

나이의 힘이다. 아니 경험의 힘일지도 모른다. 나는 육십 대인 지금의 내가 참 좋다. 다시 젊은 시절로 절대 돌아가고 싶지 않다. "늙어서 편안하다. 버리고 갈 것만 남아서 참 홀가분하다."던 박경리 선생의 말이 실감 나는 요즘이다.

젊었을 때 나는 육십이 넘으면 사람도 아닌 줄 알았다. 아무것도 꿈꿀 수 없는, 그저 살아있는 생물학적 사람인 줄만 알았다. 이제는 좀 알 것 같다. 최소한 육십은 넘어야 사람이라고, 익은 생각을 할 줄 아는 사람이라고. 세상일에 의미를 생각하고 자신을 비추어 가다듬으며 다른 사람의 생각에도 고개를 끄덕일 줄 알게 된다고….

육십이 넘었다고 도인이 되는 것은 아니다. 나는 아직 악연을 다 용서하지 못했다. 괘씸하고 억울한 마음이 남아있다. 간혹 그때의 상처들이 떠올라 아릿하기도 하지만 예전만큼 아프지는 않다는 것이다.

며칠 전 오랜 술친구 둘과 와인을 곁들인 식사를 했다. 대개 친구들은 함께 공유한 기억들에 관해 대화가 이어지기에 모임마다 대화 주제가 다르기 마련이다. 이 친구들은 나의 뼈아픈 기억을 공유하고 있는 몇 안 되는 친구들이다. 일터에서 나의 진심을 오해받아 상처받고 초라하고 외롭던 시기에 힘이 되어주던 친구들이다. 얼마나 고마운 친구들인가.

그런데 사람은 자신의 부끄럽고 초라한 모습을 기억하는 친구와는 어울리고 싶지 않은 마음이 있다. 쓰라린 그때의 상처가 되살아나기 때문이다. 내게 이 친구들이 그랬다. 고맙기도 하고 아프기도 한 나의 술친구들….

하지만 이번엔 달랐다. 예전의 얘기를 꺼내도 그다지 아프지 않았다. 담담하게 옛 얘기로 흘려보내고 있는 나를 발견했다. 고마움과 다정함만이 크게 느껴졌고 친구들이 더욱 귀하게 느껴졌다. 아, 나는 성장하고 있었구나. 나이의 힘이구나. 나이 드는 일은 익어가는 것이 맞구나 싶었다.

박완서 선생도 다시는 젊어지고 싶지 않다면서 "나이 드니 편한 대로 헐렁하게 살 수 있어 좋고 하고 싶지 않은 것을 안 할 수 있어 좋다. 이 자유가 얼마나 좋은데, 젊음과 바꾸겠는가. 한 겹 두 겹 책임을 벗고 가벼워지는 느낌을 음미하면서 살아가고 싶다."고 했다.

내가 지금 걸어가는 길이 그분들이 내어놓은 길을 편히 걷고 있는 것 같았다. 내가 가는 길을 의심하지 않고, 흔들리지 않고 갈 수 있는 게 두 분 삶의 지혜가 등불을 들어준 덕분이란 생각이 들었다. 두 분 모두 마지막 여생을 전원에서 지내다 가셨지만 나는 그것을 흉내 내려 전원에 온 것은 아니다. 와서 보니 두 분의 마지막 삶과 닮았고, 두 분 말씀을 최근 우연히 보고 깊이 고개를 끄덕이게 된 것뿐이다. 이 또한 나이가 주는 공감이 아니겠는가.

지금 나는 평화롭다. 숨차게 달려와 다다른 육십 대, 이제는 돌아와 거울 앞에 선 것 같은 지금의 평화로움이 좋다. 그 무엇에도 채근당하지 않고 내 의지로 채워가는 하루하루가 설렌다. 집안일과 잔디마당의 적당한 노동, 생각을 글로 옮길 수 있는 재능과 글감이 바닥나지 않을 축

적된 경험자산이 내게 있다. 내 삶에 무늬 진 수많은 인연, 나는 그 인연들에서 그리움을 꺼내고 싶다. 내 글의 원천은 그리움이니까.

열정 가득했던 젊은 날과 가슴 벅찼던 성취의 순간들이 자신감으로 형성되던 그 시절, 내 교만의 말과 눈빛으로 상처를 주었던 인연들에도 용서를 구하고 싶다. 살아있는 모든 사람은 인연에 빚진다. 잊고 있을 뿐이다. 새 인연도 소중히 해야겠지만 지나온 인연을 다듬는 일, 그것이 내 몫인 것 같다. 이제는 돌아와 거울 앞에 선 지금의 내 몫. 뒤에 오는 이에게 돌부리 하나라도 걷어내 준 삶이길 소망해본다.

나의 '바깥'

애쓰지 않고도 절로 닿아 비로소 보이는 것이 있다. 그저 다다른 이순은 마법 같은 나이다. 이순이란 귀가 순해지는 나이라고 했던가? 그동안 보이지 않던 것들이 보이고 들리지 않던 것들이 들리고 절대로 포기되지 않던 것들이 내려놓아 진다. 늙어서 좋은 것도 많다던 선배들의 말이 조금씩 이해되고 있다.

내 안에 갇혀 들끓던 삶에서 놓여나니 서슬 푸르던 결기도 한결 순해지고, 가족의 의무에서도 많이 자유로워져 내 욕구를 일 순위로 놓고 사는 맛이 쏠쏠하다. 눈도 귀도 적당히 무디어져 제 허물도 남의 허물도 웃어넘길 수 있게 된다. 무엇보다 이쁜 척 안 하며 살아도 돼서 좋다. 화장이 예의이던 시대에 직장생활을 해서인지 민낯으로 밖으로 나가는 일을 금기로 여기며 살았다. 은퇴를 하고 제일 좋았던 게 고작 매일 화장하지 않아도 되는 것이다. 그래도 팽팽하던 것들이 쭈글쭈글해지는 것은 좀 받아들이기 힘들지만 잃는 것만큼 자유로움도 주는 게 세월이다.

육십갑자 한 바퀴를 돌고 이제 나는 다시 한 살이다. 그 끝이 죽음인 줄 알면서 달려가는 인생길이지만 다시 태어난 한 살부터는 좀 다르게 살아야지 싶다. 걸음을 늦추고 하늘빛 별빛 나뭇잎에 일렁이는 바람을 본다. 바깥에서 나를 본다. 양지바른 뜰에 앉아 햇볕을 쬔다. 일생을 품고도 부화시키지 못한 묵은 글감들을 내어 말리고, 꾸덕해진 마음을 만져 길을 들인다.

바깥에서 들여다보니 안이 보인다.

거기 있는 내가 보인다.

이별의 품격

 카페에서 혼자 커피를 마시다가 느닷없이 눈물이 주르륵 흘렀다. 외로움이 훅 밀려들었다. 혼자라는 생각이 대책 없이 엄습할 때면 자식들에게 자꾸 섭섭해진다. 딸애보다 아들놈에게 더 그렇다.
 결혼한 딸은 때때로 엄마를 챙기고 안부를 묻는다. 손녀까지 낳아주어 더욱 이쁘다. 결혼을 안 한 아들은 먼저 안부를 하는 적이 좀처럼 없다. 가족 단톡방에 가끔 참여할 뿐이다. 평소엔 그러려니 지내다가도 크리스마스나 연말 같은 무슨 때가 되면 엄청 서운하다. 혼자인 엄마에 대한 배려가 없다고 느껴지는 것이다.
 크리스마스 이브날 때마침 친한 여고 동창 몇이 모인 단톡방에 '메리 크리스마스!' 하고 톡이 떴다. 무심한 아들에 대한 서운함을 친구들에게 쏟아놓았다. 친구들도 별다르지 않아 미국인 며느리를 본 친구는 도를 닦는 심정이라 했고, 또 다른 친구는 아예 아들이 없다고 생각하며 산다 했다. 아들을 결혼시킨 친구들은 한결같이 마음을 비우라 했다. 기대를 접으라 했다. 아들들은 다 그렇다고.

"아들들은 왜 그런데?
아들들은 왜 그래도 되는 건데?"

나는 동의할 수 없었다. 아무리 부모가 전생의 빚쟁이라지만 낳아 기르고 무조건적 사랑을 주는 관계에서 자식들이 좀 살갑게 굴어주면 안 되나? 친절하면 안 되나? 부모들이 자식들한테 죄인인가 말이다.

어떤 부모도 갚을 걸 바라고 자식을 낳아 기르지는 않는다. 키우면서 얻은 기쁨으로 어느 만큼은 보상받았다고도 생각한다. 그러나 때때로 섭섭하다. 사람인지라, 부족한 인간인지라 기대를 완전히 접는 일은 진짜 도를 닦아야 가능한 일이니까.

왜 자식들과 사랑을 주고받으며 사는 일에 도까지 닦아야 하는지 나는 모르겠다. 참는 것만이 미덕일까? 아들들은 원래 그래! 하고 감수하는 것이 옳은 걸까?

언젠가는 모두 이별한다. 상황에 의한 이별, 시간에 의한 이별. 사랑하고 애태우고 때로 다투며 살아갈 시간, 우리에게 시간은 얼마나 남았을까? 함께하는 남은 시간 동안 종래는 맞이할 이별을 잘하기 위해서라도 나는 말해야겠다.

섭섭하면 섭섭하다고 해야겠다.

외롭다고 해야겠다.

내 마음 좀 만져달라고 말해야겠다.

말하지 않으면 모르지 않는가.

그냥 토라져 있지 말고 내 마음이 이렇다고 설명해야겠다. 기실 말하는 것만으로도 상당 부분 해소될 것이고 귀 기울여 들어주는 것으로도 충분히 위로가 되지 않겠는가. 외로움이란 게 그런 것이니까, 태산 같다가도 안개처럼 걷히는 게 그 마음이니까….

아들아이의 무심함이 유독 서운한 이유가 있긴 하다. 아무리 대범한 엄마인 척해도 결코 퇴색되지 않는 그때의 기억.

아들아이가 일본에서 유학하고 있을 때 마지막 한 학기를 남겨두고 아이 아빠가 가산을 결딴냈다. 마지막 등록금을 마련할 길이 막막했다. 세계적 경제 위기라 환율은 엄청났고 국내 사정도 녹록지 않았다. 아들아이는 학업을 포기하고 들어오겠다고 했지만 한 학기를 앞두고 포기시키기엔 너무 안타까워 나는 어떻게든 해보자고 했다.

결국 등록 기간까지 등록금을 절반밖에 마련하지 못하게 되자 학교에 통사정해 일주일 등록 연장 양해를 받았다. 신입생이 아니라서 다행히 양해가 되었다.

그 일주일 동안 나는 새끼를 굶주리게 한 어미의 눈빛을 하고 돈을 구하러 사방팔방으로 뛰어다녔다. 나는 그때 알았다. 배부른 자에겐 쉬 밥을 주지만 굶주린 자에겐 더없이 거만한 게 세상인심이란 것을….

양해 받은 일주일을 하루 남긴 저녁나절, 절반은 포기 상태인 그때 섬광처럼 떠오른 한 이름이 있었다. 장학 재단을 운영하고 있는 고향 선배님의 이름. 벼랑 끝에서 염치불구 전화를 걸었다.

선배는 늦은 박사학위를 받느라 논문 최종 심사 중이라며 오늘 시간이 어렵다고 했다.

하지만 오늘 꼭 만나야 한다는 간절한 내 목소리에 저녁 식사도 거른 채 9시가 넘어 달려와 주었다. 막상 마주 앉았지만 말도 잘 꺼내지 못하고 눈물만 그렁한 내게 선배는 무슨 일이냐고 물었다. 떠듬떠듬 토로한 내 사정을 듣고 선배는 전화로 해도 될 얘기를 뭐 그리 어렵게 하느냐며 흔쾌히 해결해 주었다.

 그날 선배와 헤어져 집까지 돌아오는 거리가 채 오백 미터도 되지 않았는데 다리가 풀려 걸을 수가 없었다. 자꾸 길바닥에 주저앉아졌다. 입에서는 꺽꺽 신음 소리 같은 것이 쉬지 않고 올라왔다. 지나가는 사람들이 힐끗댔지만 부끄러운 것도 몰랐다. 주저앉은 눈앞에 노래방 네온사인이 번쩍여 무작정 들어갔다. 한 시간을 계산하고 들어가 아무 숫자나 마구 눌러놓고 대성통곡으로 울었다. 울음소리는 노래방의 호쾌한 기계음이 삼켜주었고 현란한 조명만이 빙글빙글 저 혼자 신을 내며 돌았다.

 얼마나 울었을까? 정신을 차려보니 두 시간이 지나 있었다. 눈물을 닦고 울지 않은 척하며 한 시간 추가 계산을 하려 하니 사람 좋게 생긴 여사장님이 추가 한 시간은 서비스라며 웃어 보였다. 겨우 삼킨 울음이 또 목에서 울컥거렸다.

 그날의 기억은 내 일생에서 가장 절박했고 처절했다. 하지만 또한 가장 따뜻한 온기로 남아있다. 내 인생을 대신 울어주고 나의 정서적 허기까지 채워주는 소중한 내 기억의 곡비다. 그럼에도 아들에게 가끔 서운한 마음이 드는 이유가 되기도 하고, 내가 너를 어떻게 키웠는데라는 지질함의 근원이 되기도 한다.

기억은 기록이 아니라 해석이라고 한다. 세월에도 아물지 않는 아릿한 기억이지만 분명한 것은 선배님에 대한 감사과 존경, 그 하나로 귀결되는 천금 같은 기억이다. 인간은 본능적으로 자기 자신을 가장 사랑한다고 한다. 외로움도 결국 나 자신의 문제이고 끌어안고 삭이며 견뎌내야 할 숙명임을 모르지 않는다. 자식뿐 아니라 그 누가 심연으로부터 올라오는 근원적 고독을 채워줄 수 있을까만 엄마이기 이전에 나는 한 인간이다. 홀로 시들어가면서도 의연한 척 내 아이들을 무심한 불효자로 만들고 싶지 않다. 사랑하고 배려하며 배려 받는 따뜻한 관계이고 싶다. 그 속에서 스스로를 돌보며 행복한 엄마로 살고 싶다. 그래서 후일 내가 떠난 뒤에도 그리움으로 남은 엄마이고 싶다.

잘 헤어져야 그리움이 남고 잘 살아야 잘 헤어질 수도 있다. 사랑의 관계에도 예의가 있듯 이별에도 품격이 있는 것이다.

포옹, 너를 안는 법

이번에는 무슨 요리를 맛보여주려나?

아들이 오겠다는 전화에 나는 김칫국부터 들이키고 있다. 다른 집 엄마라면 아들에게 뭘 해먹일까 궁리하겠지만 나는 그 반대다. 아들이 해줄 음식의 신세계를 즐길 마음으로 들뜨기까지 한다. 자기 가게를 차리는 꿈을 가지고 식품업체 메뉴개발실에서 일했던 아들은 자기가 개발한 메뉴를 종종 엄마에게 선보여주곤 했었다. 그 맛을 냉정하게 평가해야 하겠지만 나는 아들이 해주는 요리가 다 맛있기만 하니 자문역으론 빵점이다. 지금은 다시 전공인 사진으로 돌아와 친구와 스튜디오를 내 일하고 있다.

대통령까진 아니어도 각료쯤은 될 줄 알았다. 대장은 아니어도 별 쯤은 달 줄 알았다. 어려서 아들은 귀티 나는 용모에 진중한 성격, 가끔 사람들을 깜짝 놀라게 하던 총명함, 어린아이인데도 함부로 할 수 없는 포스가 있어 별명이 영국 신사였던 아들을 키우면서 가진 꿈이다. 아이를 키우는 어미들이 하는 많은 착각 중 하나지만 그런 꿈을 꿀 때가 제일 행복한 시절이지 싶다.

아들은 중학교 때부터 사진작가가 되겠다는 진로를 선택하고 흔들림 없이 대학까지 한 길을 걸었고, 사진을 공부하러 일본으로 유학하러 갈 때는 세계적 사진작가가 되는 줄 알았다. 돌아와 유명 스튜디오에 취업했을 땐 금방 이름을 날릴 줄 알았다. 그랬던 사진을 그만두고 자기 사업을 해보겠다며 미술품 임대사업을 설계하고 우수 청년 창업 아이템으로 선정돼 의기양양할 땐 금방 청년 사업가로 성공하는 줄 알았다. 그런 아들이 요리를 하다가 사진으로 돌아왔다.

꿈을 찾는 일, 꿈을 접는 일, 다시 도전하고 좌절하는 과정을 지켜보면서 내가 아들보다 먼저 지치지 않도록, 실망하지 않도록 혼자 마음을 추스르곤 한다. 그래도, 어미도 사람인지라 가끔은 지칠 때도 있다. 그럴 때 나는 도시락 하나를 꺼낸다. 추억 도시락이다. 아름다운 기억, 행복했던 기억, 환희에 찼던 소중한 기억을 저장해 둔 폴더다. 아들을 낳았을 때의 환희, 매일 축복 같았던 커가는 모습에 대한 기록, 키우며 행복했던 많은 것들도 저장돼 있다.

마음이 힘들거나 화날 때, 응원이 필요할 때, 위로받고 싶을 때 이 폴더는 그 어떤 명약보다 응원의 효과가 확실하다. 그 안에는 아들의 군대 시절 이야기도 들어있다.

아들이 군에 갔을 때 받았던 첫 소포, 입대할 때 입고 갔던 사복이 편지와 함께 배달 왔을 때 어미는 옷을 끌어안고 목놓아 울면서, 국가가 내 아들을 필요로 해서 보내기는 했지만, 털끝 하나 다치지 않고 온전하게 돌려보내라며 나라에다 있는 대로 눈을 흘겼던 기억이 담겨 있다.

처음 면회 갔을 때 돌아 나오는 우리를 문 앞에서 배웅하며 "저 문만 나가면 나도 자윤데…." 하고 한숨짓던 아들을 보며 철렁 내려앉던 어미의 가슴을 아들은 모르겠지. 작대기 하나 겨우 단 이등병이 사진병으로 별 단 사단장님을 수행할 땐 숨도 잘 안 쉬어진다는 얘기를 들었을 땐 무사히 군 생활을 마칠 수나 있을까 마음을 졸였던 기억들이다.

그런 모든 날을 잘 감당하고 늠름한 사나이가 되어 제대했을 때 어미는 나라에 수없이 눈을 흘겨댔던 것을 혼자 슬그머니 사과했다. 아니 감사했다. 부모보다 아들을 더 강인하고 튼튼하게 키워준 데 대해, 시련을 견디는 법을 가르쳐준 데 대해 감사했던 마음도 도시락 폴더에 담겨있다. 군대는 아들만 성장시키는 것이 아니라 부모도 함께 성장시킨다. 자식도 부모도 처음 맞닥뜨리는 상황을 겪으며 가족의 애틋함과 그리움도 배우고, 마냥 어리게만 보이던 아들을 성인으로 인정하게 되는 때가 군대를 다녀오는 시기이니 말이다.

나는 부모를 걱정시키지 않은 딸로 살았다고 자부해 왔다. 특별히 부모 뜻을 거역해 실망하게 한 적이 없고, 말썽을 부린 적도 없이 자랐다고 생각했다. 자식들의 가장 큰 착각은 저 혼자 잘나서 절로 큰 것처럼 생각하는 것, 나도 그중 하나일지 모른다.

엄마는 언제나 내게 "글 쓰지 마라, 골치 아프다!" 하셨다. 작가가 꿈인 딸에게 응원은 못 할망정 왜 만날 기를 죽이나 싶어 나는 엄마의 그 말이 정말 듣기 싫었다. 한글을 떼기도 전 당신 무릎에 누이고선 심청전, 춘향전, 유충렬전을 읽어주며 막연히 작가의 꿈을 키우게 했던 것도 엄마였는데 격려는커녕 그런 말을 하니 더욱 서운했다. 그럼에도 나는 작가가 되었다. 엄마 말씀을 귓등으로 들은 것이다. 그래도 엄마의 '글 쓰지 마라'는 돌아가실 때까지 계속되었다.

훗날, 친정에 갔다가 우연히 엄마의 애장품 상자에서 깜짝 놀랄 물건들을 발견했다. 학창 시절 내가 받았던 백일장의 각종 상장과 트로피, 그리고 나의 습작 노트이자 일기장이었던 몇 권의 노트였다. 나는 늘 엄마가 내 꿈에 무심하고 응원해주지 않는 게 불만이었다. 교내외 백일장에서 받아오는 상장에도 크게 기뻐하는 내색을 하지 않았고 딱히 칭찬해주는 일도 없었다. 그런 엄마가 이토록 오랜 세월 내 꿈의 흔적들을 보관하고 있었다는 데 울컥했다. 묵은 설움 같은 것이 복받쳐 올라왔다. 엄마는 나를 응원하고 있었구나, 박수를 보내고 있었구나, 자랑스러워하고 있었구나….

어미가 된 지금에야 나는 그 마음을 헤아린다. 엄마가 그토록 '글 쓰지 마라, 골치 아프다'라고 하셨던 의미를. 엄마는 딸의 명예보다 그저 하루라도 몸과 마음이 편하게, 평화롭게 살기를 바랐던 것이리라. 글 쓰는 일이 얼마나 골머리를 앓아야 하는 일인지 알았던 것이리라. 그보다 지극한 사랑이 있을까. 엄마가 아니고 누가 그런 마음이겠는가…. 그것이 엄마가 나를 껴안는 사랑 방식이었다는 것을 나는 너무 늦게야 깨달았다.

아들의 스무 살 생일 때 콘돔을 선물했다. 여자를 사랑하는 것에는 반드시 책임이 따른다는 것과 그것이 또한 상대와 자신을 지키는 일이라는 걸 알려주고 싶었다. 서른 살이 되었을 때 독립을 요구하며 내보냈다. 다 큰 아들을 끼고 사는 건 말이 안 되는 일이라며 내 집에서 나가라고 당당히 요구했다. 그것은 어렸을 적부터 서른 살 독립을 공공연히 외쳐온 결과이기도 했다.

곧 사십을 바라보는 나이에 아들은 아직 결혼은 생각도 없다. 언젠가 결혼은 하더라도 아이는 안 낳겠다는 아들에게 정말 사랑하는 여자를 만나면 '내 아를 낳아도!' 할 거라고 장담했지만, 한숨이 나오는 건 어쩔 수가 없다. 결혼 적령기란 나이가 아니라 '같이 살고 싶은 상대를 만났을 때'라고 말하며 멋있는 엄마인 척 해왔지만, 자꾸만 늦어지는 아들을 보고 있자니 이젠 그 말도 멋있지가 않다. 아들과 나는 정치적 견해도 달라서 가끔 격한 토론을 벌이기도 하지만 다른 생각도 존중하며 화해와 공존의 방법을 찾아내기도 한다. 하지만 그게 아들의 문제일 땐 멋지기가 쉽지 않다. 어미의 이율배반을 어쩌랴.

어느 날 아들이 오토바이를 타고 나타났다. 내가 양평으로 이사를 하고 나서부터다. 서울에서 오가는 길이 라이딩하기 좋은 코스라며 자동차를 오토바이로 바꿨단다. 가슴이 또 철렁한다. 위험한 모험을 수단으로 택한 아들에게 한소리 하고 싶었지만 사사건건 잔소리하는 꼰대 엄마라고 할까 봐 속으로 삼켰다. 대체 자식 걱정은 언제 끝이 나는 걸까?

나는 평소 어머니는 삼베적삼 기워입은 희생의 대명사

가 아니라, 존경의 대상이어야 한다고 주장해 왔다. 자식을 낳아 기르는 일 자체가 희생이라고 말할 수는 없다. 자식은 태어나 네 살이 될 때까지 부모에게 할 평생 효도의 칠십 프로는 한다는 말이 있듯, 기르는 재미로 그만한 보상을 받은 셈이다. 문제는 커가면서 부모의 뜻대로 커 주지 않을 때 생긴다. 불화와 갈등이 생긴다. 부모 처지에선 다 자식 잘되라고 하는 소리지만, 자식으로선 그저 간섭과 잔소리로만 여겨지는 것이 부모와 자식 간의 대화다. 어쩌면 '장관'쯤에서 '회사원'으로 기대를 접은 아쉬움이 영 없지는 않을 것이다. 인정하기 싫지만 '내가 너를 어떻게 키웠는데'의 유치함도 조금 섞였을 것이다. 그래도 삼킨 말이 반이란 것을 자식들은 알 도리가 없겠지. 자식을 향한 맹목은 희생하고도 존경받기는 언감생심이다. 미숙한 부모 노릇은 끝나지 않은 숙제 같다. 그러나 한 가지는 분명하다. 어떤 명예나 면류관 보다 그저 네가 하고 싶은 일을 하고, 그것이 네가 행복한 일이기를 바란다는 거, 그거 하나다.

신이 모든 곳에 있을 수 없어 어머니를 만들었다는 말이 있다. 어찌 부족한 어미를 신에 비할까. 다만 어미에게는 따뜻한 무릎이 있다. 세상천지에 혼자 같을 때, 하늘이 무너진 듯 막막할 때, 어깨를 쿨럭이며 울고 싶을 때, 그저 지치고 고단할 때 달려가 얼굴을 묻고 울 수 있는 곳, 쉴 수 있는 곳, 그것이 어미의 무릎이다.

  기억하거라 아들아! 머리를 쓸어주고 등을 긁어 재워주던 따뜻한 어미의 손길을. 세상 모든 어미는 어디에 있어도 자식을 위해 간절히 두 손을 모은다. 네가 어떤 꿈을 꾸든 그 꿈을 응원한다. 그것이 어미가 너를 안는 법이며 자식을 품는 방식이라는 것을….

안부

하늘이 이렇게 푸른 데에는
필시 무슨 까닭이 있어서겠지

오늘은 네 생각도 좀 하라는
오늘은 내 생각도 좀 하라는
재촉

그리운 이들의 안부가 궁금해지는
모두 싱싱하게 잘 지낸다는
나도 잘 지낸다는

싱그런 안부
대신 전해주는
아,
가을 하늘!

인형 놀이하는 할머니

이 나이에 새삼?
아니 새삼이 아니고 어릴 때부터 좋아했다. 그런데 어릴 때는 인형을 갖고 놀아본 적이 없다. 내게 인형을 사준 사람이 아무도 없었기 때문이다. 동생이 없는 나는 이웃집 아기가 너무 이뻐 매일 놀러 갔다. 아기랑 노느라 숙제를 못 해간 날도 부지기수였다. 그런데 그 아기가 돌을 막 지날 즈음 홍역을 앓다 그만 잘못되고 말았다. 너무나 큰 충격을 받은 나는 다시는 다른 아기들을 예뻐할 수가 없었다. 대신 친구들과 소꿉놀이를 하며 베개를 등에 업고 다녔다.
까마득히 잊고 살았던 그 기억이 소환된 것은 네 살짜리 손녀가 요즘 공주 놀이에 빠져있어서다. 제 부모는 물론 나나 제 삼촌도 다투어 공주 인형을 사다 바치며 함빡 좋아하는 그 모습 한번 보려고 온갖 재롱을 떤다. 재롱은 아이가 떠는 줄 알았던 게 오산이란 걸 실감한다.

어느 날 아들아이가 조카 선물이라며 예쁜 인형을 사 왔다. 지금까지 흔히 보지 못했던 정말 예쁜 인형이었다. 그 인형을 보는 순간 가슴에서 내가 갖고 싶다는 욕망이 훅 올라오는 게 아닌가? 낯선 감정이었다. 참 별일도 다 있지…. 나는 조금 망설이다가 아들에게 말했다. 나도 이런 인형이 갖고 싶다고. 어리둥절한 아들에게 이유를 설명하려는데 말이 자꾸 허둥댔다. 뜬금없는 내 마음을 설명할 길이 없어 민망하고 머쓱했다.

왜 그럴까? 나는 왜 할머니가 된 지금 인형 놀이가 하고 싶은 것일까? 인형이 자꾸 눈에 들어오고 그게 그렇게 이뻐 보일까? 나는 이상한 사람인 걸까? 무엇의 결핍 때문일까?

그러던 어느 날 신문에서 구십 세 할머니가 코바늘 손뜨개로 인형 옷을 떠 입혀 전시회를 한다는 기사를 보고 이거구나! 싶었다. 나도 인형을 모아보아야겠다. 인형 옷도 떠보아야겠다는 의욕이 확 일었다. 이런 열정이 얼마 만인가 싶을 만치 후끈했다.

마침 집에 온 딸애에게 말했다. '내게 선물할 일이 있을 땐 인형을 사다오!' 아들아이에게 말할 때보다 조금 덜 민망했다. '봐라! 구십 세 할머니도 인형을 갖고 놀잖니? 전시회도 한단다.' 하며 나의 이 뜬금없는 취미생활을 합리화할 적당한 핑곗거리를 찾았기 때문이다. 딸애는 엄마가 민망해하는 걸 눈치챘는지 자기 시어머니도 인형 옷을 만들어 입히신다며 내게 사진을 보여주었다. 뜻밖에 동지도 생기고 응원군도 생겼다. 나는 이제 대놓고 인형을 수집하고 갖고 놀아야지! 마치 연애를 허락받은 스무 살의 마음 같았다.

이번 설날 진짜 아들아이가 인형을 사 왔다. 정말 예쁜 인형이었다. 긴 금발 머리에 세련된 블루진 원피스를 입은 30센티 정도 키의 인형이었다. 소고기를 사 온 것보다 훨씬 마음에 들었다. 물론 인형을 내가 직접 살 수도 있다. 그런데 인형만은 굳이 선물로 받고 싶었다. 어쩌면 어릴 적 인형을 선물 받고 싶었던 소망의 결핍이 있었나 보다. 인형 놀이를 통해 나의 결핍을 돌보다 놀랍게도 그때 내게 진짜 부족한 게 무언지를 알아차리게 됐다.

스킨십이다. 막내였던 나의 어린 시절은 엄마의 갱년기와 맞닥뜨렸나 보았다. 엄마는 늘 몸이 안 좋아 앓아누워 있었고 엄마의 젖무덤이 그리운 내 손이 다가가기라도 하면 가차 없이 어린 손을 털어냈다. 그러니 엄마가 안고 쓰다듬어 주던 기억 대신 아버지의 젖꼭지를 만지며 잤던 기억이 더 많다. 말씀도 성정도 조용하고 따뜻하던 엄마가 유독 접촉에는 쌀쌀했다. 나는 우리 아이들을 많이 쓰다듬으며 키웠다고 생각했는데 지금 다 큰, 아이들을 쓰다듬는 게 어색한 걸 보면 나도 접촉이 많은 엄마는 아니었나 보다.

눌려있던 것들은 어느 순간 반란을 일으킨다. 비록 하찮은 행동들로 나타나지만, 그 작은 것들에 귀 기울이고 있으면 가슴의 소리를 듣게 되기도 한다. 인형 놀이를 하는 나의 마음이 오래전부터 웅크리고 있던 상처받은 내면아이인지 생각하게 된다. 사랑이 필요한 건지, 사랑의 대상이 필요한 건지도 모호하지만, 어쩌면 이별을 두려워하는 건 아닐까 생각되기도 한다. 어릴 적 온 마음을 주었던 이웃집 아기를 잃었을 때의 상처가 박제돼 남아 절대 날 떠나지 않을 인형에게 전이된 건 아닌지….

이제 그만 가자!

새벽부터 카카오 대화방이 시끌시끌하다. 함께 책을 낸 적이 있는 문우 열두 명이 모인 방이다. 우리는 모두 가톨릭 신자라는 공통점을 가지고 2년 전 『우리 기도할까요』라는 책을 출간했었다.

중견 문우들인지라 칠십 대 선배님도 여럿 계시고 젊다고 해야 육십 대이니, 새벽잠이 없는 건 당연지사다.

요즘 이 방의 관심사는 단연 죽음이다. 오래 살고 싶지는 않고 사는 날까지 건강하게 살다 가고 싶다는 게 모두의 바람이다. 기도 제목도 비슷해서 '주님, 언제든 부르시면 가겠습니다! 다만 너무 오래 살게는 하지 마옵소서!'다.

세상의 삼 대 거짓말은 노처녀가 시집 안 간다. 장사가 이문 없이 준다. 노인이 어서 죽어야지! 라고 했다. 하지만 나는 선배들의 그 말이 진심이리는 데에 한 치 의심이 없다. 나 또한 그러하니까. '이제 그만 가자!' 하시면 미련 없이 따라나설 거니까….

엄마가 돌아가시기 일주일 전 꿈을 꾸었다. 식구들이 모두 두레상에 모여 앉아 밥을 먹는데 먼저 가신 아버지가 오시더니 엄마한테 '이제 그만 가자!'라고 하셨다. 그 한마디에 어머니는 먹던 숟가락을 탁 놓고 벌떡 일어나 뒤도 안 돌아보고 아버지를 따라가셨다.

꿈이 너무 생생한 게 마음에 걸려 출근길에 어머니께 안부 전화를 했더니 반가이 받으며 건강하니 걱정하지 말라고 하셨었다. 딱 일주일 뒤 큰아들, 큰딸 내외와 집에서 맛있게 점심을 드시고 그날 저녁 쓰러져 그길로 눈도 한번 안 뜨시고 하루 만에 가셨던 엄마. 팔순을 한 달 앞둔 해였다. 신앙이 깊으셨던 어머니의 기도는 늘 자식들 고생 안 시키게 자는 잠결에 데려가 달라시더니 그 기도를 주님이 들어주셨나 보았다.

"메멘토 모리!
카르페 디엠!"

죽음을 생각하며 현재를 즐겨라. 죽음을 예비하고 살아야 현재에 충실할 수 있을 것 같다. 그래야 유한한 인간이 영원히 살 것처럼 교만을 부리지는 않을 게 아닌가.

오늘 아침 단톡방에서 민혜 선배 톡이다.

"제가 게으름 피우고 청소 미뤄놓은 날의 취침 기도는, 주님, 혹여라도 오늘 밤 데려가실 거면 하루만 말미를 주세요. 제가 이 꼴로 죽으면 제 아들놈이 어미를 뭐로 보겠습니까?"

그다음 안윤자 선배 톡이 이어진다.

"젊은 날, 저는 침대에 올라갈 때면 슬리퍼를 얌전히 해놓곤 했었어요. 혹여 내일 새벽 깨지 못할까 하여. 근데 요새는 무슨 배짱인지 어질러놓고 사네요."

작년 안윤자 선배는 장편 소설책을 냈고, 민혜 선배는 수필집을 두 권이나 내고 반 죽다 살아난 분들이다. 그래 놓고 지금 또 시작했단다. 죽음도 불사할 태세라 내가 거들었다.

"선배님들, 이젠 그 어떤 것도 건강과 바꾸는 어리석음을 범하진 마시길요! 파이팅!"

그사이 조한금 선배가 동참했다.

"아, 재밌다. 수다방.
아무 때고 '이제 그만 가자!' 하면
'네' 하고 따라나설 마음을 준비해 뒀습니다."

조 선배가 언젠가 무속인이 부군이신 최건 시인에게 83세가 되는 해 돌아간다고 했는데 잘 넘겨 한숨 돌렸다고 하니 모두 이제부턴 진짜 장수하시겠다고 덕담했다. 자신들은 오래 살고 싶지 않다면서 덕담은 '장수'로 한다. 헷갈린다.

이 방의 구성원에는 신경정신과 김종길 박사님도 계셔 우리 방 주치의다. 몸에도 마음에도 좋은 여러 가지 정보를 주시고 개별 건강 상담도 친절히 해주신다. 이러니 오래 안 살고 못 버틸 것 같은 이 방에서 자주 죽음 주제가 등장하는 건 지극히 건강한 생태계가 아닌가.

잘 사는 것은, 잘 죽을 수 있는 준비를 하는 것이다. 거꾸로, 잘 죽을 수 있으려면 잘 살아야 하는데 이 말이 쉬운 듯 참 어렵다. 매일의 숙제다.

6부

나의 낭만적 동반자들

나를 나답게 하는 사람들

야만, 야만스러운

다행이다. 그도 늙고 있어서….

나는 늙어가는데 당신은 팽팽하기만 하다면 그 배신감을 어쩔까? 세월이 느껴지는 꾸밈없는 그의 모습에서 안도감이 느껴지고 심지어 훈훈한 위로까지 받는 나의 유치한 마음에 피식 실소가 새어 나왔다.

며칠 전 내가 사랑하는 가수 1호인 그를 TV에서 우연히 봤다. 머릿속에 불이 반짝 켜지는 것 같은 반가움으로 TV 앞에 바짝 붙어 앉았다. 무료한 시간을 보내느라 켠 TV의 한 프로그램에 그가 등장하고 있었다. 꾸안꾸, 꾸민 듯 안 꾸민 듯한 모습과 면도하지 않은 얼굴에 수컷 냄새가 풀풀 살아있는 그의 캐릭터가 그대로였다. 그는 여전히 사내였다. 야성이 느껴지는 외모와는 달리 부드러운 음색으로 부르는 노래는 감성의 본질을 건드리는 발라드다. 감미로운 목소리에서 느껴지는 반전의 야성은 그 파장이 훨씬 셌다. 나이 든 남자가 저리 섹시할 수 있다니….

눈물이 핑 돌았다. 그래그래 당신에게도 세월은 비켜 가지 않았구나. 참 멋지게 흘렀구나. 당신의 본질을 잘 지키며 멋지게 익어가고 있구나. 그래서 고마워, 참 고마워…. 한 때 나의 우상이 깨어지지 않은 것에 나는 진심으로 안도했다.

그를 직접 본 건 잠실 올림픽주경기장에서였다. 나는 연예인에게 열광하는 사람이 아니다. 음악 그 자체를 좋아할 뿐 사람에게 환호하는 건 웃기는 얘기라고 생각하는 쪽이었다. 연예인의 스캔들이 터져도 그건 그 사람의 행위인 거고 나는 그의 예술성만 본다는 게 내 생각이었다.

주간신문 기자였던 내게 공연 관람권은 흔했다. 기회가 많다 보니 공연장에 가서도 끝까지 공연을 보고 온 적이 거의 없었다. 공연장의 함성과 현란한 조명이 라이브의 현장감을 온전히 느끼고 싶은 내 기대에 미치지 못한다고 생각되면 중간에 나와버리곤 했다. 그런데 그날 처음으로 공연을 완주했다. 그의 공연이었다. 사실 그 공연을 보기 전까지만 해도 그가 나의 일등은 아니었다. 그의 노래를 좋아하긴 했지만, 공연장을 찾아갈 정도는 아니었다. 그날도 초대장이 생겼고 공연장이 집과 가까웠던 이유가 더 컸다.

"난 너를 사랑하네 이 세상은 너뿐이야.
소리쳐 부르지만 저 대답 없는 노을만 붉게 타는데…."

목이 터져라 함께 열창하며 펄쩍펄쩍 뛰었다. 발광에 가까웠던 그 생 날것의 기억들, 울고 웃었던 그 날 그 감동의 현장은 이문세 데뷔 30주년 기념 콘서트였다. 내 안의 야만이, 야만스러움이 단번에 끌려 나온 날이었다. 그날 나는 집에 돌아와서도 잠을 이루지 못했다. 활활 불붙은 뜨거운 열기가 도무지 사그라들지 않고 내내 들끓고 있었다.

지성의 반대말은 야만인가? 야만과 야성은 다른 듯 같다. 야성이 그 야만에서 나왔기 때문이다. 야만은 무지하고 교양 없는 것을 연상하지만 나의 야만은 그것과 다르다. 들판에서 함부로 자란 나무처럼 가공되지 않은 모습 그대로 처연히 비를 맞고, 바람과 동무하고, 햇살에 반짝이는 잎들을 흔들어 풀꽃들과 속삭이는 그 날것들의 자유로운 영혼, 그것이 나의 야만이다.

나는 늘 지성적이고 우아한 이미지를 추구했다. 그렇게 보이려 노력했고 내 주위의 많은 이들이 그렇게 알고 있기도 했다. 하지만 나는 안다. 세상을 다 속여도 자신은 속일 수 없는 내 안에 숨겨진 나의 똘끼, 어느 순간 나는 폭발한다는 사실을.

나의 끼는 야만에 가깝다. 안주하지 않는 자유로운 영혼, 그것이 건드려지는 포인트는 리듬이다. 나의 감성에 접선하는 음악을 만나면 열광하게 된다. 하지만 자주 있는 일은 아니다. 나의 이성이, 무의식이 통제하고 있기 때문이다. 하지만 그 통제의 빗장을 완강히 무찌르고 폭발하는 발화점, 그것은 주로 음악이다. 이문세의 노래들이 그랬다.

"언젠가는 우리 모두 세월을 따라 떠나가지만
언덕 밑 정동길엔 아직 남아있어요.
눈 덮인 조그만 교회당…."

또 눈물이 주르륵 흘렀다.
나는 정동길 그 조그만 교회를 본 적이 없다. 덕수궁 돌담길을 연인과 걸어본 적도 없다. 그러나 지나온 나의 추억이 마치 거기에 있는 듯 저릿해지는 건 무슨 연유일까? 우리 모두 세월 따라 흘러와 여기서 당신을 만났구나 싶었다. 그의 노래가 나의 어깨를 가만히 감싸 안고 따뜻하게 토닥거렸다.

"누가 물어도 아플 것 같지 않던

지나온 내 모습 모두 거짓인가…."

애써 외면하며 앙다물고 살았던 지난날의 내 상처를 가만히 쓰다듬었다.

"이제 그리운 것은 그리운 대로 내 맘에 둘 거야
그대 생각이 나면 생각난 대로 내버려 두듯이…."

그렇게 담담해질 수 있는 세월의 힘, 그 강을 당신도 건너왔구나. 그렇게 우리는 함께 육십 대가 되었구나.

"어두운 창가에 앉아 창밖을 보다가
그대를 생각해 보면 나는 정말 행복한 사람
이 세상의 그 누가 부러울까요
나는 지금 행복하니까~"

그가 있어, 그와 함께한 추억이 있어 나는 정말 행복하다. 행복한 사람이다.

영혼의 동반자 와인

코로나로 한 번도 겪어보지 못한 날들이 이어지고 있는 이즈음, 폭설이 온 다음 날 수은주가 영하 19도를 표시하며 또 다른 사상 초유를 기록했다.

밖으로 외출도, 사람을 만나는 일도 아득해진 우울한 날이고 친구들 몇이 노는 카톡방에서 수다판이 벌어졌다. 오늘의 주제는 뱅쇼.

아침부터 몸이 으슬으슬해 뱅쇼를 끓여 뜨겁게 마시고 났더니 기분이 알딸딸하다 했더니 친구들이 나의 뱅쇼 레시피를 공유하란다. 뭐, 나의 뱅쇼 조리법은 세상 간단하여 집에 있는 재료들을 활용하는 방법을 알려줬다. 그랬더니 얼마 지나지 않아 친구들이 만든 뱅쇼 인증사진들이 쏙쏙 올라오기 시작한다.

"술을 못해도 이건 먹겠다. 온몸이 후끈 달아올랐다. 서방님도 좋아한다. 눈길 헤치고 퇴근하는 아이들과 한잔해야겠다."라며 대화방이 따끈따끈해졌다. 뱅쇼 데이가 펼쳐졌다.

뱅쇼, 겨울에 내가 가장 좋아하는 메뉴이다. 와인에 레몬이나 오렌지, 사과 같은 과일과 계피, 정향 등을 넣고 끓여 적당히 알코올을 날리고 꿀을 넣어 뜨겁게 먹는 와인이다. 몸이 찌뿌둥하고 으슬으슬 한기가 들며 감기 기운이 느껴질 땐 약으로 먹는다. 유럽 사람들이 가내 조제 몸살감기약으로 마신다는 뱅쇼. 뱅은 와인, 쇼는 뜨겁다는 프랑스 말이다. 와인 속의 폴리페놀과 과일의 비타민씨, 꿀 성분이 면역력을 높여주는 효과인가 보다.

나는 와인을 좋아한다. 혼자 먹는 밥이지만 식탁에 와인을 즐겨 올린다. 음식에 따라 주종이 바뀌긴 하지만 저녁 식사엔 꼭 술 한 잔을 곁들인다. 육류일 땐 레드 와인을, 생선요리에는 화이트 와인이나 매실주, 데쳐 먹는 요리일 땐 사케, 기름진 음식엔 중국술 공부가주, 달달한 기분을 내고 싶을 땐 아이스와인을 마신다.

음식에 따라 와인을 선택하기도 하지만 그날 마시고 싶은 와인에 맞춰 음식을 만들기도 한다. 와인을 마실 땐 될 수 있으면 탄수화물 식사를 하지 않는다. 칼로리를 줄이

려는 방편이기도 하지만 포만감이 와인 맛을 떨어뜨리지 않게 하기 위함이다. 스테이크 몇 조각과 구운 야채, 때론 치즈와 닭가슴살 샐러드, 때때로 마트에서 사 온 생선회가 내 만찬의 단골 메뉴들이다. 과일은 와인 안주로 적합하지 않아 주로 오전에 먹는다.

나는 술을 좋아한다. 사십 대에야 술맛을 제대로 알게 된 나는 술을 놓고 사람을 만나는 걸 좋아한다. 그때 나는 사람의 숲에 살고 있었다. 언론인이었던 나는 지치도록 빽빽한 사람 숲에 살고 있으면서도 늘 외로웠다. 사람 숲도 나무숲과 다르지 않아 충만한 것 같은데 문득 돌아보면 외로웠다. 빽빽한 숲속에 혼자 서 있는 아득함이랄까. 나는 가끔 숲에서 길을 잃곤 했다.

그런데 술을 한 잔 놓고 사람을 만나면 마음이 따뜻해지는 것이다. 마음이 열리는 것이다. 어쩌면 넘어지지 않고 자신을 지키려는 안간힘에서 긴장을 풀어내는 시간이 필요했었나 보다. 그런 술은 술이 아니라 사람 맛이다. 위로였던 것이다.

요즘은 앞에 사람이 없어도 술이 향기롭다. 이제는 그런 막막함이나 안간힘의 핑계가 필요 없는 내 술상이다. 외로움, 그건 나의 근원적 성향의 몫이라 즐기고 있다. 술상 앞에 마주 앉은 고독함, 그보다 더 낭만적인 게 무어란 말인가. 굳이 가리라면 외로움은 상대에 의한 것이지만, 고독함은 내 근원에서 오는 것이니 여기에 술 한 방울이면 괴테하고도 논다. 앞에 앉은 괴테 친구가 그러네. 고독한 인간이 가장 강하다고….

주말에 아이들이 오면 내 술상은 파티상이 된다. 요리를 잘하는 아들아이가 만들어내는 푸짐한 안주에, 술을 좋아하는 사위와 딸아이가 함께하면 나는 세상 행복한 어미가 된다. 이제야 비로소 평화로운 나의 술상은 뜨거운 와인 뱅쇼와 같다. 시시때때로 내 영혼의 감기까지 추스르는 향기로운 치유 주, 와인은 내 영혼의 동반자이다.

나의 낭만적 동반자

일주일에 한 번 수필 강의를 하고 있다. 나의 수필 클래스 회원들은 서로를 낭만적 동반자라 부른다. 문학으로 생의 의미를 찾아가는 문우들에게 잘 어울리는 이름이다.

낭동들은 매일 모닝페이지 쓰기를 하는데 이 글을 읽는 재미가 쏠쏠하다. 경쟁하듯 올라오는 글을 서로 읽어주고 공감의 댓글을 달아주니 격려도 되고 긍정적인 자극제도 된다. 덕분에 나도 낭동들과 함께 거의 매일 글을 쓰게 된다. 글쓰기의 최고 비법은 엉덩이로 쓰는 것이다. 매일 끄적여보는 것. 아침에 눈을 떠 생각나는 대로 써본다. 마치 혈관의 꼭지를 따 종이 위에 흘려보내듯 쓰는 게 줄리아 카메룬의 모닝페이지 쓰기 기법이다. 모닝페이지로 쓴 글은 평가하지 않는다. 자유롭게 낙서하듯 쓰는 창구를 펼쳐두는 것이다.

나는 숙제를 주거나 글쓰기를 강요하지 않는다. 전적으로 자신의 의지로 쓰고 싶어질 때 쓰게 한다. 하지만 그리 오래 걸리지 않는다. 글쓰기에 서툰 사람도 금방 펜을 잡고 자신의 이야기를 펼쳐놓게 된다. 저마다 자신이 가진 경험의 저수지에서 이야기를 풀어낼 물꼬를 터주는 게 나의 강의법이다.

연륜은 과거를 소추하는 힘을 가지고 있다. 경륜에서 오는 지혜, 거기에 아량과 따뜻한 품까지 지닌 사람들이 많다. 낭동들의 글을 읽으면 인생을 잘 살아온 사람들이란 생각이 든다.

누구나 지나온 삶이 다 자랑스러울 순 없겠지만 그것을 깨닫고 부끄러워할 줄 아는 지혜가 있다. 글의 힘이다. 글 앞에 앉으면 내 부끄러움을 들추게 된다. 때로 자랑하고 싶은 얘기를 꺼냈다가도 거기에 반추되는 삶을 돌아보며 겸허해진다. 글로 써보면 생각이 정리되고 거기서 답이 보이는 경우가 많다. 그렇게, 저절로 익어가게 되는 게 글쓰기의 마력이다.

우리 낭동들의 단톡방에 사진 몇 장이 올라왔다. 이십대 초반의 꽃봉오리같이 예쁜 아가씨 모습이다. 과거를 소환한 글에서 예전의 모습이 보고 싶다는 요청에 따라 올라온 사진이다. 지금의 관점으로 봐도 손색없는 청순한 미모와 세련된 패션 감각이 입을 떡 벌어지게 했다. 사진의 주인공이 현재 70대라는 걸 누가 믿을까?

또 한 장의 사진은 해군 군복을 단정하게 입은 풋풋한 눈망울의 청년이다. 앞으로 겪어낼 그 어떤 고난도 담겨 있지 않은 순수 그 자체의 눈빛이다. 오대양 육대주를 꿈꾸는 설레는 눈빛이다.

얼굴은 한 사람의 역사다. 개인의 박물관이다. 거기에 무엇이 담기는가는 전적으로 본인의 책임이다. 숨길 수는 있어도 다 가릴 수는 없다. 이순이 지나면 더욱 그렇다. 글을 읽으면 그가 살아온 삶이 보인다. 물론 모든 것을 다 쓰지는 않는다. 그럴 필요도 없다. 박물관에서도 보여줄 것만 보여준다.

사람은 누구에게나 여러 얼굴이 있다. 페르소나, 칼 융은 그것을 가면이라고 했다. 그중 하나의 얼굴로만 살 수가 없다. 인생에도 편집 능력이 필요하다. 이 편집 능력에 따라 내 인생이 낭만적인 예술가가 되기도 하고 어느 분야의 전문가나 반듯한 모범생이 되기도 한다. 내가 원하는 모습으로 가꿔가는 것이다.

우리에겐 모두 풋풋한 시절이 있었다. 사진 한 장으로 수십 년의 세월을 거슬러 그때의 꿈을 얘기하고 뜨거웠던 가슴을 이야기한다. 그 순간만은 순수했던 그 시절의 마음이 되어 벅차오르기도 하고 한숨짓기도 한다. 세월에 풍화되고 탄력은 줄었지만, 그 세월을 잘 지나온 지금의 자신이 대견스러울 것이다. 여전히 가슴 뛸 무엇을 꿈꾸며 거울 앞에 서는 날이 있고, 아직도 내 인생의 주인공인 자신을 이리저리 비춰볼 것이다. 그 누구도 나이 들었다고 꿈 없이 살고 싶진 않을 것이다. 젊었을 때처럼 거창한 계획이나 어려운 도전이 아니더라도 남은 생을 어떻게 의미 있게 행복하게 보낼지를 구상해야 한다.

남은 내 인생에서 제일 풋풋한 오늘을, 오늘의 기분을 기록하는 일, 그것이 모닝페이지 쓰기다. 그 과정에서 소중함을 찾아내고 의미 지어 가는 일, 그것이 수필 쓰기다. 우리의 낭만적 동반자들은 그런 서로를 격려하며 함께 울고 웃는다. 삶이 수필 그 자체인 나의 멋진 낭동들이다.

까르페 디엠

이맘때면 가을을 탄다.
아직 무더위가 기승을 부리고 매미 떼가 아우성치듯 울어대지만, 나의 감성 촉은 어느새 가을과 접선한다.
기분이 멜랑콜리 해지고 눈물이 많아지는 것이다.
TV를 보다가, 신문을 읽다가, 책을 읽다가도 어느 대목 어느 구절에서 감성이 건드려지고 울컥 눈물이 고인다.
내 일이 아닌 것에도 다리 뻗고 엉엉 소리 내 울기도 한다.
그게 꼭 슬픈 일에만 그런 건 아니다.
감동적인 사연이거나 아주 아름다운 것을 목도할 때도 그러하다.
평소에는 덤덤한 것도 이즈음엔 더 그래진다.
'손대면 톡 하고 터질 것만 같은 그대'다.
그러니 가을이다.

가을 탓이다.

계절의 갱년기 같은 나의 가을,
아직 그 말랑함이 살아있어 감사하다는 내 말에 아들 녀석이 기겁하며 '아이고, 갱년기가 또 오면 안 되지요!' 한다. 유난했던 나의 갱년기가 떠오른 모양이다.
하하하, 미안하다, 아들아! 덕분에 '엄마 사용설명서'를 쓰지 않았겠니?

오늘 아침 바람이 제법 선선하다.
커피 한 잔 들고 선룸에 앉아 청명한 푸른 하늘의 뭉게구름을 한껏 끌어안아 본다. 아무것도 안 잡힌다.
인생도 이와 같겠지?
그래도 한때 우리도 저토록 푸르렀구나! 찬란했구나!
흘러가는 모든 것들은 아름답구나!
그래서 지금이 아름답구나!

지금을 살자!
이 순간을 만끽하자
까르페 디엠!
아, 가을이다!

사과를 긁으며

커야 제격이다. 잘 긁어지기도 하지만 과즙도 달고 풍성하다.

싱크대에 서서 사과를 긁어먹는다. 과즙이 튀겨 바닥이 끈적일까 봐 싱크대에 서서 먹는다. 누가 쫓아오는 것도 아닌데 서서 긁어먹는 맛은 조급한 맛이다. 뭐랄까? 장터 난전 음식 같은?

교양이나 품격 같은 건 애당초 생각지 않아도 쓸쓸해 보이진 말아야 할 텐데 왠지 그런 것 같다고 생각하며 먹는다. 스테인레스 숟가락으로 박박 긁어가며···.

사과를 긁어먹기 시작한 건 요즈음이다. 15개월짜리 손녀에게 환심을 사려고 시작한 일이다. 막 낯을 가리기 시작한 손녀를 구슬려서 안아보기 위해 고안해 낸 나의 방편이다.

한 달에 한두 번 보는 손녀는 만날 때마다 낯이 설어 한 번 안아보려면 온갖 재롱을 내가 떨어야 한다. 그런데 사과를 긁어주면 내 앞에 앉아 아기새처럼 조그만 입을 벌리고 따박따박 받아먹는다. 그게 어찌나 이쁜지 늘 사과를 준비해두고 손녀를 맞는다.

엄마가 그랬다. 고속버스로 네 시간이나 걸려 딸의 집에 오셔도 일하는 딸은 출근해 없고 어린 외손주들에게 사과를 긁어주셨던 모양이다. 퇴근해 오면 바가지 모양을 한 사과껍질이 수북하고 아이들은 외할머니 곁에 옹기종기 둘러앉아 있었다. 나는 그게 영 싫었다. 사과즙이 튀겨 바닥이 끈적해지는 것도 그렇지만 농사일로 거칠어진 엄마의 손가락 사이로 줄줄 흐르는 과즙이 왠지 불결해 보여 그렇게 아이들에게 먹이는 것이 못마땅해 눈살을 찌푸리곤 했다.

그런데 우리 아이들은 좋았던 모양이다. 화롯가에 옹기종기 모여 할머니에게 옛날이야기를 듣는다던 동요처럼 할머니가 긁어주시던 사과 맛을 잊을 수 없다며 할머니를 추억하고 있었다.

엄마는 과수원집 안주인이었다.

크고 잘 익은 사과는 내다 팔아야 하니 우리는 늘 썩은 부분을 도려낸 반쪽짜리 사과만 먹어야 했다. 우리는 늘 그게 불만이었다. 그런데도 가끔 엄마가 그 반쪽짜리를 놋숟가락으로 쓱쓱 긁어서 먹여주면 어찌나 달고 시원한지 제비 새끼처럼 모여 앉아 쩍쩍 입을 벌려 한없이 받아먹곤 했다. 그런 달콤한 기억에도 나는 엄마가 내 아이들에게 그렇게 먹이는 건 싫었다. 단지 비위생적이란 이유 하나로.

지금 나도 엄마처럼 사과를 긁어 손녀에게 먹인다. 손녀는 어느새 낯가림도 잊고 옴팡지게 받아먹는다. 손녀에게 먹일 땐 튀거나 말거나 거실 바닥에 철퍼덕 앉아서 긁어 먹인다. 이 녀석에게 환심을 사 한 번이라도 더 안아보고 싶어 갖은 재롱을 할미가 먼저 떨고 온갖 서비스를 제공하고 있는 것이다.

내 딸은 자기 딸에게 손가락 사이로 과즙을 줄줄 흘리며 사과를 긁어 먹이는 나를 어떻게 생각하고 있을까? 내색도 못 하고 속으로 찡그리고 있을까? 그때의 나처럼?

손녀가 남긴 사과 반쪽을 싱크대에 서서 긁어먹으며 울컥 엄마가 그립다. 사무치게….

"엄마 미안해! 천국 사과도 긁어먹는 게 더 맛있나요?"

혼자

누군가를 기다리는 일은 혼자가 아니다
혼자 있어도 혼자가 아니다
혼자 차린 식탁에 혼자 앉아도
혼자 따른 술잔을 홀로 들어도
오롯이 혼자일 수 없는
외로움과 마주 앉는 일
그리움과 맞짱 뜨는 일
초대하지 않은 너와
마주 앉는 일이다

누군가를 품는 일은 혼자가 아니다
혼자일 수 없는 일이다
문득, 불쑥
어느샌가 내 곁을 서성이는 그리움과
맞닥뜨리는 골목길이다

툭툭 능소화가 지는 골목길을 돌면
거기서도 저만치 목을 빼고 기다리는
안타까움을 만나는 일
뛰어가 와락 안기고 싶은
견딤이다

빈 골목을 혼자 걷는 건
혼자가 아니다
그림자 하나 내내 따라오며
삿대질해대는
못난 마음과 함께다

댓돌에 올려둔 헛신발 같은
내 그리움도
때로는 한 뼘 햇살이어서
더러 여린 새순이 돋고
꽃망울도 맺히지만
산들바람에도
끝내 피우지 못하고
이지러진다

아무것도 없는데 전부인

나의 열망아

혼자라서 혼자가 아닌

나의 바람아

입안 가득 고인 말을 견디는

아, 나의 가슴아!

그대에게 가는 길

가을을 달려
그대에게 가는 길
마음이 먼저 와락 가 안기는
당신 품에선 가을 냄새가 나네요

가 닿은 곳보다
가는 길이 더 아름다운 건
생이 여행길이라
당신에게 가는 길이라
마음이 가는 길이라

그대를 로그아웃하며

이별의 순간이 다가오고 서야
처음 만남의 순간이 확연해진다던
누군가의 말이 떠오른 걸 보니
나는 이제 당신을
로그아웃해야 할 때가
되었나 봐요

만날 때 이미 이별의 때를 생각한다던
어느 시인의 말이 생각난 걸 보니
우리에게도 그때가 왔나 봐요

사랑하니까 보내준다는
유행가 가사가
가슴에 와닿는 걸 보니
그때가 지금인가 봅니다

저릿하게 아려오는 마음
쓰린 상처는
고스란히 제 몫이겠지만
감당해야 할 것이라면
추억 하나
그리움으로 간직하려고요

상처받지 않으려고
비겁하게 도망친 걸 후회할지도
모르겠어요
그게 대가라면
상실을 견뎌 보려 합니다.

가을 탓

문득 그리워지는 사람이 있다.
아무 말을 걸지 않아도 묵묵히 기다려주는 사람,
언제 말을 걸어도 반갑게 맞아줄 것 같은,
그런 사람이 문득 그립다.
가을 탓인가?

그 사람이 꼭 내 생각을 하고 있었으리란 기대는 애초에 없다.
나 또한 그러니까.
하지만 문득 떠오르면 가슴에 아린히 그리움이 번지는 사람,
커피 한 잔 마주 놓고 하염없이 앉아있어도 불편하지 않은 사람,
때로 와인 잔 앞에 놓고 서러움 풀어내도 다 들어줄 것 같은 사람,

그런 사람이 오늘은 그립다.
가을 탓인가?

이런 날이면 나도 그의 얘기에 오래 귀 기울여 주고,
 강을 바라보는 쓸쓸한 옆모습을 참을성 있게 바라봐 줄 수 있겠다.
 혹여 어깨라도 들썩이면 내 야윈 어깨라도 기꺼이 빌려 줄 수 있을 것 같다.
 가을 탓이다!

□ 발문

1) 감히 청출어람을 꿈꾸며
-오창익 교수님께

　라일락 꽃향기 흩날리던 1992년 봄, 대학로 한국문인협회 강의실에서 처음 뵈었지요. 당시 예총회관 지하실에 있었던 문인협회 아카데미에서 수필 강의를 맡고 계셨던 교수님을요.
　수필은 붓 가는 대로 쓰는 잡문이 아니라 문학적 '창작수필'이어야 한다고 거듭거듭 강조하시며 사물이나 현상의 관조를 통해 주제를 의미화, 자기화, 인간화하라고 열강하셨죠. 그때 저는 수필의 매력에 푹 빠져들었습니다. 박완서 선생님께 소설을 공부하다가 어느 백일장에서 산문으로 입상한 것을 계기로 수필에 관심을 두게 되었지요. 서른두 살이 받아들이기엔 벅찬 관조의 문학 수필을 알량한 글재주만 믿고 겁 없이 덤빈 시절이었습니다.

뭘 좀 제대로 알아갈 때 어려움도 만나게 되나 봅니다. 수필이 갈수록 어려웠습니다. 국악원 자료실을 수없이 드나들며 취재한 자료와 어릴 적 추억을 녹여 쓴 '사물놀이'라는 작품으로 1993년 봄 교수님이 발행하시던 '창작수필'로 등단을 했습니다. 하지만 글에 '관조'를 입힌 수필을 쓰기에 저의 인생 경험은 너무나 일천했고 그러다 보니 자꾸 잔재주를 부리게 되더군요. 그러나 한 가지 확실한 믿음은 있었습니다. 최소한 잘 나이 들어갈 수는 있겠구나 싶었습니다. 수필이 어른의 문학이라고 하니 말입니다. 지금도 제 인생의 선택 중 잘한 선택을 꼽으라면 '수필'을 선택한 것입니다. 제 글의 한계에 수없이 부닥치고 좌절하면서도 단 한 번도 수필이 아닌 다른 장르를 꿈꾼 적이 없습니다. 후회한 적도 없습니다. 학창 시절에는 시도, 소설도 썼지만, 수필을 만난 이후에는 오직 수필을 제 문학의 좌표로 삼았습니다. 그랬기에 교수님의 수필이론과 가르침은 절대적이었고 반론의 여지 없이 매력적이었습니다. 하지만 수필 그 너머에 무엇이 더 있는지 늘 궁금하여 대학원 문창과에 진학해 수필을 탐구하는데 전력도 해보았습니다. 그렇게 더 굳건한 수필 사랑을 확인하게 되었지요.

그 사이 교수님은 재직 중인 대학에서 정년퇴임을 하셨

고 여러 강좌에서 쉼 없이 제자를 배출하셨지요. 물론 저 또한 등단 이후에도 꾸준히 교수님의 강의를 들으며 글을 써왔지요. 교수님의 '관조를 통한 주제의 의미화, 자기화, 인간화'라는 독보적 수필론은 단연 최고라고 지금도 믿고 있습니다. 교수님은 1991년 창간해서 만 30년이 된 현재까지 단 한 번의 결호도 없이 계간 '창작수필'을 발행해 오고 계십니다. 구순을 바라보고 계신 연세에도 수필 문학을 향한 왕성한 열정은 예전과 다름없으시지만, 가끔 힘이 든다고 말씀하실 땐 가슴이 철렁 내려앉습니다.

교수님의 정년기념문집 약력 사진은 당시 주간신문 기자이던 제가 찍어드리는 행운을 누렸고, 팔순 기념문집 『내 잔이 넘치나이다』의 사진은 사진작가인 아들을 대동하고 일산의 댁으로 찾아가 촬영하는 기쁨도 누렸습니다. 그때 인터뷰에서 교수님은 수필을 '재혼한 천생연분 배필'이라 표현하셨습니다. 교수님께 수필이 어떤 의미였는지 한 마디로 다 표현하셨다고 여겨집니다.

아직도 30여 년 전 문협 아카데미에서 처음 뵈었던 교수님의 그 열정 넘치던 모습을 생생하게 기억합니다. 그때 수강생의 자리에 앉아 초롱초롱한 눈망울로 교수님의 강의에 연신 고개를 끄덕이던 저는 이제 바로 그 문협 강단에서 후배들을 가르치고 있습니다. 물론 교수님의 수필

이론을 그대로 접목한 강의를요. 강의하면서 비로소 교수님이 그토록 강조하셨던 '창작수필'의 깊이를 제대로 알아가고 있습니다.

모든 제자의 꿈은 스승을 뛰어넘는 일입니다. 그것이 스승을 더욱 빛나게 하고 존경하는 법이라 생각하고 있습니다. 저는 끝내 그 꿈을 이룰 수 없을지 모르겠습니다. 하지만 쉼 없이 정진하는 것이 교수님께 보답하는 길이라 생각하며 지치지 않고 뚜벅뚜벅 수필의 길을 가보려 합니다.

교수님, 부디 건강하셔서 오래오래 곁에서 지켜봐 주시길, 봄볕처럼 환하게 수필의 씨앗들을 발아시켜 주시길 두 손 모아 기도드립니다.

2021년 6월 〈문학의 집·서울〉 제236호
'문학인이 띄우는 편지'

2) 수필가와 수필문학가는 구별되어야
_문예수필 지킴이 이명지 선생에게 /
오창익(수필가, 문학박사 <創作隨筆> 발행인)

30년 전이지요. "수필가와 수필문학가는 구별되어야 한다."라고 어쭙잖게, 나름 목소리를 높였던 한국문협 문예강좌에서 나와 만났지요. 강의실 맨 앞자리에 앉아 큰 눈망울을 빛내던 삼십 대의 이명지 선생을 기억합니다.

30년이 지난 후 이제 한국문협 평생교육원 바로 그 강단에서 수필 강의를 하고 있으니 반갑습니다. 그리고 고맙습니다.

<문학의 집 서울> 지난 호에 '감히 청출어람을 꿈꾸며'라고 나에게 띄운 편지에 이 자리를 빌려 "나보다 더 푸르고 빛난다."라고 쾌히 답신을 드립니다.

그동안 이명지 선생은 사실 기록에 그치는 수필가가 아

닌, 그 사실을 의미화로 형상화하는 수필문학가로서, 명실공히 눈으로 읽는 수필이 아니라 진정 가슴으로 읽는 감동적인 수필작품을 우리에게 많이 선보여주었지요. 더하여 이 선생은 대학 강단이나 문학 강좌에서 수필이야말로 붓 가는 대로가 아닌, 소재의 자기화로 주제 의식을 새롭게 의미화하고 특히 신변소재의 문예화에 역점을 두어 강의하신다 들었습니다.

맞습니다. 신변소재는 주지(主知)적인 것과 주정(主情)적인 것으로 대별할 수가 있는데, 주지의 경우보다 중요한 것은 소재 앞에 다가서는 작자의 깊은 사고와 이해, 그리고 애정과 자기 비움의 '인간성 회복과 그 유지'가 생명이겠지요. 또한, 주정적인 경우도 예외 아니게 주지가 주로 '진리(眞理)'의 도움을 받는다면, 주정은 '진실(眞實)'의 힘에 의지해야 하겠지요.

다시 말하면, 소재 앞에 다가서는 작자의 솔직성과 순수성, 천진성과 낭만성으로만 가능한 '인간적인 표정'이나 마음 깊은 곳에서 빚어지는 '인간적인 맛(味)'이 있어야 하겠지요.

이명지의 작품에서는 그 이론과 실제가 한 몸이 되어 우리에게 미적 감동을 주고 있습니다.

그동안 발표한 첫 수필집 『중년으로 살아내기』에서도

그러했지만, 2019년에 출간한 『헤이, 하고 네가 나를 부를 때』는 이명지 작가의 무르익은 내공을 들여다볼 수 있었지요. 관조나 의미화가 돋보이는 주옥같은 작품들이 이를 웅변으로 실증하고 있습니다. 그중 '장미여관의 추억'에서는 어린 시절의 기억을 소환하여 시종 유머러스하고 재치있게 전개해 가다 결미에선 삶을 통찰하는 소재의 자기화로 깊은 여운을 남깁니다.

또 최근 연작으로 발표하고 있는 '육십, 뜨거워도 괜찮아'는 나이 드는 여인의 심경을 솔직하고 과감하게 표현함으로써 자기 고백 문학의 한계를 뛰어넘는 다양한 시도를 보여주고 있습니다. 이런 용기 있는 과단성이야말로 수필 독자의 저변 확대와 문예 수필의 영역을 넓혀가는 시도로 평가하고 싶습니다.

특히 사소한 일상의 현상을 낚아채 그것을 문학적으로 의미화하고 인간화하는 데 탁월한 능력을 갖춘 이명지 선생은 필시 수필창작 강의에서도 그 반짝이는 재능을 유감없이 발휘하고 있으리라 믿어 의심치 않습니다. 더욱이 부족한 이 사람의 창작수필 이론을 접목해 강의한다니 고맙고 흐뭇합니다.

서른둘, 풋풋한 나이에 수필에 입문하겠다고 왔을 때 조금 하다 말겠거니 큰 기대를 하지 않았던 것도 사실입니다. 지난 글에서 본인도 말했듯이 수필을 가슴으로 쓰기에는 세상 경험이 너무 일천해 보였으니까요. 하지만 열정만큼은 누구보다 뜨거웠던 모습을 기억합니다. 사회에선 언론인으로, 가정에선 주부로, 그리고 수필문학가로 어느 것도 놓치지 않으려고 온 힘을 기울이던 그 노력이 지금의 이명지를 만들었음을 인정합니다. 그렇게 창작수필의 막내로 시작해 어느덧 30여 년, 이제는 수필 문학을 선도하는 막중한 위치에 있는 모습을 보니 감회가 새롭고 보람이 느껴집니다.

주지하다시피 수필을 일러 서양에서도 '미래를 대표할 산문문학'이라고 확신하고 있습니다. 바란 건데, 이명지 선생은 앞으로도 계속 감동적인 작품과 명강의로 부디 우리 문단의 수필 밭을 더욱 기름지게 가꾸어 풍성한 수확을 거두는 데 향도가 되어주기를 바랍니다. 또한, 장르 의식의 구체화를 위한 문예 수필의 지킴이로 큰 몫을 다해주리라 믿습니다.

이명지 선생, 자랑스럽습니다. 청출어람, 축하합니다.

2021년 7월 〈문학의 집·서울〉 제237호
'문학인이 띄우는 편지' 답신